FACULTÉ DE DROIT DE PARIS

THÈSE POUR LE DOCTORAT

~~~~~~~~~

DATION EN PAIEMENT

EN DROIT ROMAIN

ET EN DROIT FRANÇAIS

L'acte public sur ces matières sera soutenu
le Mardi 7 Juillet 1885, à trois heures et demie,

PAR

ANDRÉ BISSON

Président : M. GÉRARDIN

Suffragants :
MM. DEMANTE,	professeurs.
GLASSON,	
JOBBÉ-DUVAL.,	agrégé.

PARIS — IMPRIMERIES RÉUNIES — C
Rue du Four, 54 bis.

—

1885

THÈSE

POUR LE DOCTORAT

FACULTÉ DE DROIT DE PARIS

THÈSE POUR LE DOCTORAT

~~~~~~~~~

DATION EN PAIEMENT

EN DROIT ROMAIN

ET EN DROIT FRANÇAIS

———

L'acte public sur ces matières sera soutenu
le Mardi 7 Juillet 1885, à trois heures et demie,

PAR

ANDRÉ BISSON

———

Président : M. GÉRARDIN

Suffragants : { MM. DEMANTE, } professeurs.
{ GLASSON, }
{ JOBBÉ-DUVAL, } agrégé.

❧

PARIS — IMPRIMERIES RÉUNIES — C

Rue du Four, 54 bis.

—

1885

DE LA

DATION EN PAIEMENT

INTRODUCTION

A la différence du droit de propriété qui ne
s'éteint que par des causes accidentelles et
d'une application très rare, le droit d'obligation
est de sa nature temporaire, il est appelé à disparaître un jour ou l'autre. Et cette différence
est la chose la plus logique, la plus conforme
à l'intérêt général : si, en effet, nous ne retirons
des choses une utilité quelconque que lorsque
nous nous les approprions, si par cela même,
la société éprouve un dommage lorsqu'un droit
de propriété s'éteint purement et simplement;
inversement, c'est lorsque l'obligation s'éteint
que le créancier retire tous les avantages de
l'obligation et que le débiteur recouvre toute
son indépendance.

Le mode régulier pour le débiteur de se li-

bérer, celui que les parties avaient en vue lorsqu'elles ont contracté l'obligation, et qui est le
but final, c'est l'accomplissement de ce que doit
le débiteur, c'est le paiement.

L'objet du paiement varie avec l'obligation
elle-même. Le paiement se rattache à l'obligation; suivant qu'elle aura pour objet telle ou
telle chose, le paiement devra avoir exactement
le même objet. Ainsi, voilà un créancier qui a
le droit d'être rendu propriétaire d'un immeuble *(res mancipi)*, il va pouvoir exiger qu'on
emploie un mode qui transfère la propriété
complète. Le créancier n'est pas tenu d'accepter
autre chose que ce qui lui est dû, dût-il n'y rien
perdre ou même y gagner. C'est un droit pour
lui, mais il est libre d'y renoncer, et ce sera
même son intérêt dans certains cas, comme
nous allons le voir.

Ainsi Primus est débiteur de Secundus. Au
jour de l'échéance, Primus n'est pas en mesure
de payer sa dette, mais il a un objet quelconque,
autre que celui qu'il doit. Le créancier, armé de
sa créance, va trouver le débiteur pour exiger
son paiement, il le met en demeure, peut-être
ira-t-il jusqu'à le saisir. Que va pouvoir faire
Primus? Se laisser saisir? Mais ce serait laisser
porter une grande atteinte à son crédit, c'est
peut-être pour lui la ruine.—Vendre l'objet qu'il
a et se libérer avec le prix? Mais il ne trouvera
à le vendre qu'à un prix dérisoire, on sait qu'il
est aux abois, que l'échéance de sa dette est
arrivée, que le créancier le presse, on abusera

de sa situation pour lui offrir un prix très minime. C'est alors qu'apparaît l'utilité de la *dation en paiement*. Primus, le débiteur, s'adressera ainsi à son créancier : « Il m'est impossible de vous payer ce que je vous dois, mais voici tel objet que je vous propose à la place, consentez à l'accepter en paiement, vous n'y perdrez rien ou presque rien, puisqu'il représente à peu près la même valeur que la chose que je vous devais, et vous m'éviterez les embarras d'une saisie et les dangers d'une vente précipitée. » Le créancier acceptera presque toujours cette offre, car généralement, quand le débiteur la lui fera, c'est que ses affaires seront embarrassées; le créancier aura alors avantage à retirer quelque chose de sa créance.

Nous venons de faire intervenir la *dation en paiement* dans un cas où le débiteur éprouverait des difficultés pour payer ce qu'il doit, c'est en effet ce qui arrivera le plus souvent; mais on peut très bien concevoir qu'elle se fasse dans des hypothèses qui ne laisseront nullement supposer que le débiteur soit embarrassé. Ce sera, par exemple, une femme qui, sur le point d'épouser un homme qui lui doit l'esclave Stichus, fera avec lui le pacte suivant : « Vous aurez en dot 10, à la place de Stichus que vous me devez. » D'après le principe admis qu'on peut donner en paiement une chose pour une autre, le mari sera libéré de sa dette, et la dot consistera en 10 (L. 25 *Dig. de jure dot.* xxIII. 3.). Les choses se passeront alors comme si le mari débiteur avait donné en paiement 10 à la place de Stichus et les avait ensuite reçus en dot.

On peut encore se représenter la dation en paiement intervenant dans un autre ordre d'idées. Le débiteur est parfaitement en état de payer sa dette, mais il a un objet auquel il ne tient plus et qui plaît au créancier. Il est très probable que s'il n'y avait pas de rapport de droit entre eux, il interviendrait une vente ; mais la situation dans laquelle ils se trouvent l'un par rapport à l'autre va faciliter les choses; ils conviendront que le créancier prendra cet objet en paiement.

Ici l'espèce est bien différente de la première, on voit apparaître l'idée de spéculation, il est évident que les parties n'ont pas voulu seulement éteindre une obligation, elles se sont servies d'une obligation préexistante pour créer une nouvelle opération. Ici, il n'y a pas une simple opération extinctive, il y a une vente et ensuite compensation de ce prix de vente avec la créance jusqu'à due concurrence.

Mais dans la première hypothèse que nous avons mentionnée qui, nous le répétons, est la plus fréquente et que nous aurons le plus spécialement en vue, il est facile de voir qu'il n'y a pas la moindre spéculation, c'est un moyen de sortir d'une situation difficile. Le créancier consent à recevoir autre chose que ce qui lui est dû pour sauver sa créance, et le débiteur fait cette dation, pour se libérer d'une façon moins onéreuse. Les parties n'ont pas eu davantage l'idée de créer entre elles un nouveau rapport d'obligation; bien loin de là, elles ont voulu faire le contraire, puisqu'elles ont entendu éteindre une obligation.

En droit romain nous ne voyons pas la *datio in solutum* faire l'objet d'une étude spéciale et approfondie comme le paiement ou la novation. On ne traite de la dation en paiement qu'accessoirement, les textes qui s'y rapportent se trouvent intercalés dans d'autres matières; ainsi on en parlera à propos de l'action *pigneratitia* (L. 24 *pr.* XIII. 7), de l'éviction (L. 4 *Code*, VIII. 45) ou encore à propos du paiement (L. 98 *pr.* XLVI. 3). Ce défaut de classification nuit naturellement à la clarté du sujet, qui par lui-même soulève dans certains cas d'assez sérieuses difficultés.

On peut expliquer ce défaut de coordination dans les règles de la *datio in solutum* parce qu'elle ne présente pas un intérêt pratique très considérable, et puis parce qu'elle a dû se faire jour insensiblement dans le droit romain; on en parle alors quand l'occasion se présente, quand on vient à traiter un sujet où elle peut intervenir.

Nos anciens auteurs Cujas, Pothier, Renusson, etc..., s'occupent incidemment de la dation en paiement, et on retrouve dans leurs ouvrages la trace des anciennes discussions.

Les rédacteurs du Code civil se sont-ils inquiétés de cet état de choses et ont-ils cherché à y remédier en faisant une théorie particulière de la dation en paiement, en en refondant les règles? Non. Il en est bien question; nos législateurs y ont même consacré cinq articles (1243, 1553, 1595, 1699, 2038), mais ces articles sont épars dans le Code et donnent matière à discussion sur quelques points assez délicats. Cette matière méritait cependant d'attirer plus vivement l'attention de nos législateurs, qui ne peuvent pas bénéficier de la même excuse que les jurisconsultes romains, puisqu'ils venaient à une époque où la question était posée et débattue depuis longtemps.

Nous allons, en étudiant les différents textes de lois qui se réfèrent à notre matière, essayer de faire ressortir les caractères et les règles de la dation en paiement. C'est là un sujet qui a encore été peu traité, comme théorie générale, et qui n'est pas dépourvu d'intérêt.

DROIT ROMAIN

CHAPITRE PREMIER

Que peut-on donner en paiement, et à l'aide de quels procédés juridiques?

Tout ce qui est pécuniaire, tout ce qui peut présenter un intérêt d'argent, peut faire l'objet d'une *datio in solutum*. L'objet d'une dation en paiement peut donc varier à l'infini, et il est illimité comme le sont les arrangements suggérés aux hommes par leur intérêt pécuniaire. Les textes nous disent, en effet, que dans la *datio in solutum* on peut donner *aliud pro alio*, formule très large qui embrasse les choses corporelles aussi bien que les créances. Mais on comprend que les procédés juridiques à l'aide desquels se fait cette dation en paiement varieront, suivant qu'il s'agira d'une créance ou d'une chose corporelle (Gaius II. 38.39). Aussi allons-nous les examiner séparément.

1° *DATIO IN SOLUTUM* D'UNE CRÉANCE

On peut poser en principe que toutes les créances peuvent être données en paiement, les obligations naturelles aussi bien que les obligations civiles, une obligation conditionnelle ou à terme comme une obligation pure et simple (*L.* 3 *Code* viii. 54). La dation en paiement d'une créance née d'un délit ou d'un quasi-délit est tout aussi possible que celle d'une créance née d'un contrat ou d'un quasi-contrat; c'est ce que décident plusieurs textes d'Ulpien (*L.* 14 *pr. Dig.* xlvii. 2. — *L.* 7 § 1 *Dig.* xiii. 6.)

La règle que nous venons de poser n'est pas cependant sans recevoir d'exceptions. Ainsi on ne peut pas céder les créances qui ne font pas partie de notre patrimoine. Par cela même que les *actiones populares* ne sont pas *in bonis nostris* avant la *litis contestatio,* on conçoit qu'elles ne sont pas cessibles. Elles appartiennent à tout le monde, on ne peut donc pas céder à quelqu'un une action qu'il a déjà. (L. 7 § 1 *de pop. act.* xlvii. 23.)

Remarquons que la constitution d'Anastase ne s'applique pas en cas de *datio in solutum.* Afin d'empêcher les usuriers d'acheter des créances à vil prix, et afin d'arracher les débiteurs au danger que leur faisait courir ce trafic, Anastase avait décidé que le cessionnaire ne pourrait pas demander au débiteur plus qu'il n'aurait donné pour acquérir la créance, y compris les intérêts du prix (L. 22. *Code, mandati* iv 35). L'empereur avait admis quelques exceptions à cette règle, maintenant pour elles l'ancien état de choses, dans des circonstances où toute intention frauduleuse semble devoir être écartée, au nombre desquelles se trouve la cession faite en paiement d'une dette.

Faut-il étendre à la *datio in solutum* la défense faite aux *potentiores* d'acheter des créances ? (L. 1 et 2 *Code, ne liceat potentioribus* ii. 14.) Un *potentior* était-il incapable de recevoir une créance en paiement? Nous ne le pensons pas, car les raisons qui avaient fait prohiber l'achat des créances ne se retrouvent plus quand il s'agit de dation en paiement. Quand il y a vente, on peut avoir juste sujet de craindre que le *potentior,* qui est appelé par ses fonctions à exercer une certaine influence, n'en abuse pour se rendre acquéreur à vil prix. Mais lorsqu'il y a dation en paiement, ces craintes doivent disparaître, on n'a plus à redouter les mêmes fraudes; il n'y a plus de spéculation, le *potentior* est créancier, il rentre simplement, d'une manière indirecte, dans ce qui lui est dû; décider autrement ce serait prendre une mesure qui serait contraire à l'intérêt bien entendu du débiteur, ce serait l'empêcher de pouvoir se libérer dans des conditions souvent avantageuses pour lui.

Pour des raisons analogues nous n'appliquerions pas, en cas de *datio in solutum,* les défenses qui avaient été faites aux tuteurs et curateurs de se rendre acquéreurs de créances contre le pupille. (*Nov.* LXXII, § 4, *chap.* V.)

Voyons maintenant comment et à quel moment le créancier cessionnaire deviendra propriétaire de la créance qui lui est donnée en paiement, et par cela même quand le débiteur cédant sera libéré.

La question demande à être étudiée à deux époques différentes, dans le droit classique et au Bas-Empire.

1re Période. — Gaius nous indique deux modes de transfert des créances. (Gaius II 38. 39.)

1° La Novation *mutato creditore;* le débiteur cédé va s'engager envers le cessionnaire de la créance à lui donner ce qu'il devait au cédant. Vous devez 100 à Primus, et Primus me doit la même somme. Sur l'ordre de Primus je stipule de vous ce que vous lui devez « *Quod tu Primo debes, mihi promittisne? — Promitto.* » Cette stipulation va entraîner une double extinction : 1° celle de ma créance contre Primus; 2° celle de la créance de Primus contre vous. Mais la première extinction résulte d'une *datio in solutum*, puisque Primus me donne ce que vous lui devez à la place de ce qu'il me doit; la seconde s'opère en vertu d'une novation.

Dans cette hypothèse, l'effet libératoire de la *datio in solutum* a eu lieu au moment de la stipulation.

Le droit prétorien avait créé une autre forme de cession, c'était le *pacte de constitut*. Ce pacte se rapproche beaucoup de la stipulation par la force de ses effets. Si au lieu de faire une stipulation avec le débiteur que je vous délègue, vous vous contentez de lui demander de vous payer ce qu'il me doit, ce pacte engendrera à peu de chose près les mêmes effets que la stipulation. Le débiteur sera engagé envers vous, vous aurez pour le forcer à exécuter le pacte, l'action *constitutæ pecuniæ* (L. 5 § 2 *de const. pec.* XIII. 5), et d'autre part, je ne pourrai plus exiger de mon ancien débiteur qu'il me paye la dette, je serai repoussé par l'exception de pacte ou de dol.

Ces deux modes de transfert présentaient un grand inconvénient, c'est que dans les deux cas, il fallait le concours du débiteur. Le créancier ne pouvait pas disposer de son droit sans l'agrément de ce dernier.

Les jurisconsultes ont cherché alors un procédé plus pratique, et ils l'ont trouvé dans une règle de la procédure formulaire. Ce second moyen nous est également indiqué par Gaius.

2° La *procuratio in rem suam*. Ce procédé est un pouvoir donné par le créancier au débiteur d'exercer l'action à sa place. Le *procurator* se faisait délivrer la formule ainsi conçue : Dans l'*intentio* on demandait au juge de vérifier si telle somme était bien due à Primus le créancier, et dans la *condemnatio* on disait au juge : Condamnez à donner telle somme à Secundus qui est le mandataire. Mais le cessionnaire n'était mandataire que pour la forme, au fond il faisait sa propre affaire.

Ce pouvoir ne suffira pas pour vous transférer par lui-même la créance, mais vous n'aurez qu'à agir, et grâce à l'effet immédiat de la *litis contestatio*, le droit déduit en justice devient vôtre, comme si vous l'aviez toujours eu. « *Procurator lite contestata dominus litis efficitur.* » (L. 4 § 5 *de appel.* XLIX. 1) « *Litiscontestatione res procuratoris fit* » dit encore la L. 11 *Dig. de except. dol.* XLIV. 4. Ceci est en harmonie avec ce que nous avons dit sur la délégation, car il y a la plus grande analogie entre le transfert de créances *per stipulationem* et le transfert de créances *per litiscontestationem*. La *litiscontestatio* à la suite d'une *procuratio in rem suam* joue le même rôle que la stipulation dans la délégation. Il est donc tout naturel que la *litiscontestatio* produise l'effet libératoire comme la *stipulatio.*

Ce transfert des créances au moyen d'un procès simulé n'a du reste rien qui doive nous surprendre. Pareil procédé se trouvait, en droit romain, dans *l'in jure cessio,* pour tranférer un droit réel.

Le grand avantage qu'offre la *procuratio in rem suam* sur le premier procédé, c'est qu'elle oblige indirectement le débiteur à subir le procès, par la menace de la *missio in possessionem bonorum* s'il se refuse à lier l'instance.

Nous arrivons à la seconde période où on réalisa de grands progrès.

2ᵉ *Période.* — Le créancier qui a reçu une créance en paiement n'a plus qu'à signifier la cession au débiteur; par là il prend la place du créancier et devient maître du droit cédé comme il le serait devenu par la *litiscontestatio*. C'est ce que nous dit la L. 3 *Code, de Nov.* VIII, 42, ainsi conçue : *Gordianus Muciano. Si delegatio non est interposita debitoris tui, ac propterea actiones apud te remanserunt, quamvis creditori tuo adversus eum solutionis causa mandaveris actiones, tamen antequam lis contestetur, vel aliquid ex debito accipiat, vel debitori tuo denunciaverit, exigere a debitore tuo debitam quantitatem non vetaris, et eo modo tui creditoris exactionem contra eum inhibere. Quod si delegatione facta jure novationis tu liberatus es, frustra vereris, ne eo, quod quasi a cliente suo non faciat exactionem, ad te periculum redundet : cum per verborum obligationem voluntate novationis interposita a debito liberatus sis.*

Voici l'espèce prévue par le texte. Mucien était le débiteur de Primus et le créancier de Secundus; il avait donné en paiement à Primus la créance qu'il avait contre Secundus. Il apprend que Secundus est le client de Primus. Il redoute alors que Primus n'agisse contre lui, dans la crainte de se mettre mal avec son client. Mucien s'adresse à l'empereur et lui demande s'il pourrait encore exercer la créance qu'il a donnée en paiement. Gordien lui dit qu'il le peut si la créance est restée dans son patrimoine; mais que ce sera impossible si elle en est sortie, et lui cite les cas où elle sera réputée telle. Les commentateurs ne sont pas d'accord sur cette partie du texte.

M. Gide (1) explique ainsi la loi. L'empereur autorise Mucien à exercer lui-même sa créance à condition que : 1° le cessionnaire n'ait pas fait novation avec le débiteur ; 2° qu'il n'ait pas engagé avec lui la *litiscontestatio;* 3° qu'il n'ait pas reçu de lui un paiement partiel; 4° qu'il ne lui ait pas fait une *denuntiatio litis* (2).

Ainsi Gordien groupe les deux modes de transfert que la jurisprudence nouvelle avait introduits, la *denuntiatio litis* et le *pacte*, à côté des deux anciens modes de transfert, la stipulation et la *litiscontestatio.* En effet, dit M. Gide, les mots: « *Vel debitori tuo denuntiaverit* » désignent la *denuntiatio litis;* et le paiement partiel, dont on parle dans le texte, suppose un pacte sous-entendu. Car s'il m'est dû 100 et que j'accepte 50, c'est que je conviens que le surplus me sera payé plus tard. Or, d'après le droit, prétorien, le pacte produit à peu près les mêmes effets qu'une stipulation en forme; consenti par le cessionnaire il sera opposable au cédant. C'est ce principe que Gordien met en application dans son texte; le cédant ne peut plus poursuivre le cédé qui a fait un paiement partiel au cessionnaire, parce qu'il se verrait repousser par une exception de pacte ou de dol.

L'explication donnée par M. Gide ne nous paraît pas exacte. La *denuntiatio litis* n'a d'abord dû exister que pendant un laps de temps très

(1) M. Gide. *Du transport des créances*, ch. IV. II.
(2) Il y a *denuntiatio litis* lorsque le demandeur notifie directement au défendeur l'action qu'il va intenter contre lui.

court, elle a été une mesure transitoire, et il est
fort peu probable qu'elle ait jamais remplacé
la *litiscontestatio* dans le transfert des créances.
Et nous ne pensons pas que ce soit elle que
Gordien ait eue en vue en écrivant son rescrit. La
denuntiatio dont parle le texte vise toute notification du transfert faite au débiteur, peu importe
la forme sous laquelle elle soit faite. Et précisément Gordien citerait le paiement partiel comme
un exemple de notification implicite, car il est
bien certain que le cessionnaire en se faisant
payer pour partie, a, par cela même, fait connaître
la cession au cédé. Ainsi, tant que le cédé n'aura
pas été averti d'une façon quelconque de la
cession, il pourra payer entre les mains du
cédant, mais dès qu'il aura été averti, il devra
refuser le paiement au cédant, et si celui-ci voulait intenter une action contre lui, il le repous-
serait par l'exception de dol. Le débiteur qui,
malgré cette dénonciation, paierait la dette au
cédant, se rendrait coupable d'un dol à l'égard
du cessionnaire.

Cette théorie romaine est un acheminement
vers celle du Code civil (art. 1690); mais en droit
romain, il se soulevait des questions de fait à cet
égard, il pouvait facilement y avoir contestation
sur le point de savoir si le cédé avait eu ou non
connaissance de la cession. Le Code civil a été
plus catégorique; d'une question qui était un
point de fait en droit romain, il en a fait, lui, un
point de droit, il a dit : vis-à-vis des tiers le cédé
ne sera censé avoir eu connaissance de la cession

que dans deux cas : 1° quand il aura accepté
dans un acte authentique ; 2° quand la cession
lui aura été signifiée par ministère d'huissier.

Malgré cela, le procédé de la *procuratio* offrait
encore des inconvénients, car il s'éteignait par la
mort du *procurator* ou du cédant.

Un dernier progrès fut réalisé au Bas-Empire
en concédant au cessionnaire une action *utile*,
pour tenir lieu de l'action directe mandée.

En droit pur, le cédant gardait l'action, mais
en fait le cessionnaire, grâce à l'action *utile*,
retirait de l'action toute son utilité. Si le cédant
avait voulu agir contre le cédé, il aurait été
repoussé par une exception. Le cédant était
dans une situation analogue à celle du propriétaire qui n'avait gardé sur sa chose que le *nudum
jus ex jure Quiritium.*

Ce changement, comme la plupart des changements dans la législation romaine, ne s'est
pas fait tout à coup, il ne s'est fait qu'insensiblement. Le droit prétorien a dû autoriser dans
certains cas le transfert par simple consentement, puis ces exceptions se sont étendues, et
ont dû finir par effacer la règle.

Nous n'avons pas à citer ici les différentes
hypothèses dans lesquelles ces changements se
sont produits. Nous ne citerons qu'un texte qui se
réfère à notre matière. C'est un rescrit de Dioclétien, rendu en 294, qui donne une action *utile* au
cessionnaire d'une créance reçue en paiement.
« *In solutum nomine dato, non aliter nisi manda-
tis actionibus ex persona debitoris sui adversus ejus*

debitores creditor experiri potest; suo autem nomine utili actione recte utetur. » (L. 5 *Code.* IV. 15.)

Reste un point délicat à déterminer, c'est de savoir à quel moment on est investi de l'action *utile*, lorsqu'on a reçu une créance en paiement. Pour M. Gide, c'est à partir de la convention; dès que l'on sera tombé d'accord sur le prix et sur la créance, immédiatement l'action *utile* passera sur la tête de celui qui a acquis la créance. Nous ne partageons pas cette manière de voir, nous serions plutôt tenté d'appliquer, en matière de créances, ce que les Romains disent de la transmission de la propriété : l'action *utile* appartiendrait au cessionnaire à partir du moment où il aurait été mis en possession de la créance d'une manière quelconque. Cette décision nous paraît plus conforme à l'esprit du droit romain.

2. *DATIO IN SOLUTUM* D'UNE CHOSE CORPORELLE

La dation en paiement d'une *res* est ce qui se présentera le plus souvent dans la pratique. Pour que la *res* puisse faire l'objet d'une *datio in solutum,* il faut qu'elle réunisse les conditions suivantes :

1° Que la *res* donnée en paiement comporte un droit de propriété. Sera donc nulle la *datio in solutum* portant sur une chose hors du patrimoine des citoyens en général, par exemple : une chose sacrée ou religieuse, ou une chose publique affectée d'une manière permanente à l'usage du peuple, comme un forum, un théâtre. Sera encore nulle la *datio in solutum* d'un homme libre (§ 2 *de inut. stip. Instit.*) ou d'une *res hostilis* (L. 103 *de verb. oblig.*) car les Romains regardaient ce qui appartient à l'ennemi comme n'existant pas. Et cette dation en paiement d'une chose hors du commerce serait nulle, alors même que la chose rentrerait ultérieurement dans le commerce, et cela parce qu'elle a été frappée de nullité dès son origine.

2° Que la propriété de la *res* donnée en paiement puisse être acquise au créancier. La *datio in solutum* est donc nulle, si moi, créancier, je reçois en paiement une chose *cujus commercium non habeo*. Ainsi en vertu de la constitution d'Antonin le Pieux, le maître qui avait été forcé de vendre son esclave, à la suite de mauvais traitements qu'il lui avait fait subir, ne pouvait pas recevoir cet esclave en paiement (§ 2, I. 8 *Instit.*).

Examinons quels sont les différents procédés juridiques mis à la disposition des parties pour exécuter la *datio in solutum* d'une chose corporelle.

Ainsi Primus doit 100 à Secundus; le jour de l'échéance est arrivé, et Primus n'est pas en mesure de faire face à ses engagements, il n'a pas la somme nécessaire pour payer; mais il a, je suppose, un fonds, le fonds Cornélien qu'il offre en paiement à son créancier; comment Primus et Secundus arriveront-ils à effectuer cette dation en paiement? Ils ont pour cela divers procédés.

1er *Procédé.* Primus mancipera ou fera la *cessio in jure* de son fonds à Secundus. Et Secundus fera ensuite remise à Primus de sa créance de 100 au moyen d'une acceptilation. Primus lui dira : « *Centum quod ego tibi promisi, acceptumne habes? — Habeo..* » Mais pourquoi une pareille complication de procédés juridiques? l'acceptilation à elle toute seule n'aurait-elle pas suffi? Non. Il faut la *mancipatio* ou l'*in jure cessio* pour transférer la propriété du fonds Cornélien au créancier. Cette opération aura bien suffi pour rendre Secundus propriétaire, mais elle n'aura pas fait disparaître l'ancienne obligation, parce que ce n'est pas un mode d'extinction des obligations; il faudra donc recourir à l'acceptilation pour éteindre complétement la dette. Et de son côté, l'acceptilation peut bien éteindre complétement la dette, mais ne peut pas transférer la propriété du fonds au créancier. Chacune de ces deux opérations a sa sphère spéciale d'application.

Dans l'espèce ci-dessus nous avons raisonné dans l'hypothèse de la dation en paiement d'un fonds italique, c'est-à-dire, d'une *res mancipi.* Mais s'il s'agissait d'une *res nec mancipi* à la place de la *mancipatio* ou de l'*in jure cessio*, on aurait fait une tradition. Et cette tradition confère sur les meubles autres que les esclaves, bœufs, chevaux, ânes et mulets, la même plénitude de droits que pourrait ... s donner la *man-*

cipatio ou l'*in jure cessio* sur des *res mancipi*. A partir de l'époque du droit classique (Gaius II § 41) on aurait pu aussi faire la tradition d'une *res mancipi* corporelle; cette tradition aurait fait entrer la chose dans le patrimoine de l'*accipiens*, mais il l'aurait eue non pas *in dominio*, mais *in bonis*.

La *mancipatio*, l'*in jure cessio* et l'acceptilation exigeaient la présence des parties, elles ne pouvaient pas se faire entre absents. Au début, ceci n'offrait aucun inconvénient, parce que le commerce des Romains n'avait pas encore pris un bien grand développement; tout se passait sur la place publique, sur le forum. Mais quand Rome s'est étendue, quand elle entretint des relations avec les autres peuples, qu'elle eut fondé des colonies, ces procédés furent insuffisants, car les parties ne se trouvaient pas toujours en présence l'une de l'autre. On pouvait alors employer le procédé suivant pour se faire une dation en paiement. Primus le débiteur faisait tradition de son fonds Cornélien à Secundus, et la tradition présentait cet avantage, qu'elle pouvait être faite ou reçue par le ministère d'un tiers (§§ 42 et 43 *de diuis, rer. Instit.*). De son côté, le créancier faisait remise au débiteur de son ancienne dette, au moyen d'un pacte *de non petendo* (à partir du moment où le Préteur décida qu'il ferait observer ce pacte), et les parties n'avaient pas plus besoin d'être présentes pour faire ce pacte que pour faire une tradition.

2ᵉ Procédé. — On pourrait encore faire une dation en paiement au moyen d'une stipulation suivie ou précédée d'acceptilation. Ainsi le créancier pouvait dire à son débiteur : « Me promets-tu le fonds Cornélien? — Je te le promets. » Puis le créancier faisait au débiteur acceptilation de sa dette de 100. Ou on pouvait commencer par l'acceptilation et finir par la stipulation. Cela dépendait du degré de confiance que les parties pouvaient avoir l'une envers l'autre. Ce procédé offrait un danger; il était à craindre qu'une fois la stipulation du fonds Cornélien faite par le créancier, celui-ci ne voulût plus faire acceptilation des 100. Ou inversement, si le créancier avait commencé par faire acceptilation des 100 au débiteur, que celui-ci ne refusât de répondre à la stipulation du fonds Cornélien.

Pour obvier à ce danger, les parties pouvaient faire une stipulation conditionnelle; le créancier pouvait dire à son débiteur : « Si tu me promets le fonds Cornélien, je te fais remise des 100 que tu me dois. » Les parties étaient ainsi à l'abri de leur fraude réciproque.

Mais le débiteur n'aurait pas pu dire : « Me fais-tu remise des 100 que je te dois, si je te promets le fonds Cornélien? » Parce que l'apposition expresse d'un terme ou d'une condition vicie l'acceptilation (*fr. Vat.* §329). En effet, dans l'acceptilation le créancier affirme qu'il a reçu ce qui lui est dû; or on reçoit ou on ne reçoit pas, mais on ne comprend pas que l'on puisse présenter un fait comme accompli, et en même temps le donner comme futur ou incertain.

Il est à remarquer que quand les parties emploient ce second procédé pour faire une dation en paiement, cette opération juridique ressemble beaucoup à une Novation. Elle y ressemble sans cependant se confondre avec elle, car en droit romain, on n'admettait pas que la Novation pût avoir lieu par changement d'objet.

Ajoutons que cette ressemblance n'existe que quand les parties se servent de ce second procédé, car lorsqu'elles emploient le premier procédé et celui que nous allons indiquer un peu plus loin, il est impossible de voir dans la *datio in solutum* une Novation, car la Novation n'existe qu'autant qu'il y a une certaine formalité d'accomplie. Dans ces deux cas, pour qu'il y ait Novation dans la dation en paiement, il a manqué un élément essentiel, c'est la stipulation. Sans stipulation pas de Novation possible. De plus la Novation, dans la majorité des cas, suppose une nouvelle obligation devant subsister un certain laps de temps avant de s'éteindre; or, dans la *datio in solutum*, il y a une obligation qui naît pour s'éteindre de suite.

3° Procédé. — Ce procédé ne put être employé qu'à partir du moment où la vente a été regardée comme un contrat consensuel, et lorsque Marc-Aurèle eut admis la compensation même entre dettes n'ayant pas la même origine (*ex dispari causa*). On conçoit alors que le débi-

teur aille trouver son créancier et lui dise : « Je
vous dois 100; à la place de cette somme que
je n'ai pas, je vous vends mon fonds Cornélien,
et la créance du prix de vente se compensera
avec ma dette. » Si le créancier accepte, grâce
à ce moyen, les parties auront pu atteindre le
but qu'elles visaient : elles voulaient éteindre la
dette, elle est paralysée.

Lorsque le créancier n'est pas troublé dans
la possession de la chose qu'il a ainsi achetée,
et que la dette qui a été acquittée existait réellement, pas de doute, les choses se passent
comme s'il y avait eu une véritable *datio in solutum*, comme si cette dation avait été faite à l'aide
de l'un des deux premiers procédés que nous
avons indiqués. Mais, si le créancier vient à être
évincé du fonds qu'il a acheté, ou si la dette
avait été payée sans cause, les choses ne se
passent plus alors comme s'il y avait eu une
dation en paiement réelle, on voit apparaître des
différences avec les deux autres procédés de
dation en paiement, différences que nous allons
mettre en lumière, parce qu'elles réfuteront la
doctrine de Cujas, qui considérait la dation en
paiement comme une vente.

1º La simple convention de donner une chose
en paiement ne suffit pas pour éteindre l'obligation, il faut de plus que la propriété de la
chose soit transférée, il faut la *datio*. Je vous
dois 100 sous d'or, je conviens avec vous que je
vous donnerai l'esclave Stichus à la place. Ma
dette n'est éteinte ou au moins paralysée qu'à

la condition que la propriété de l'esclave, et non pas seulement sa possession, vous soit transférée. Si, au contraire, vous devant 100, je vous disais : je vous vends mon esclave pour 100 et ma créance du prix de vente se compensera avec ma dette, il y aurait vente suivie de compensation, je ne serais tenu que de vous livrer mon esclave, sans avoir à vous en transférer la propriété, et nos dettes seraient compensées, avant même que l'esclave vous ait été livré.

Ainsi l'acheteur, alors même qu'il n'est pas rendu propriétaire, doit attendre l'éviction pour agir contre le vendeur de bonne foi. Au contraire celui qui a reçu une chose *in solutum*, lorsqu'il reconnaît n'avoir pas été rendu propriétaire, n'a pas besoin d'attendre d'être évincé pour pouvoir demander au débiteur ce qui lui est dû ; mais il doit offrir bien entendu, de lui restituer la chose reçue en paiement, parce que ce paiement étant nul n'a pu le libérer.

2° Supposons toujours qu'au lieu d'une *datio in solutum* faite par mancipation ou stipulation, le débiteur ait fait une vente suivie de compensation pour éteindre une dette qui en réalité n'existait pas.

Quoiqu'il n'y ait pas de dette, la vente subsiste, parce qu'elle a sa cause en elle-même. De ce que la vente subsiste, nous tirons cette conséquence que le prix ne se compensera pas, et qu'il pourra être exigé par l'action *venditi*. La vente produira tous ses effets, et celui qui a vendu sa chose ne pourra pas la redemander,

pas plus que celui qui l'a achetée ne pourra
rendre la chose à la place du prix.

Si, au contraire, à la place d'une vente suivie
de compensation, le débiteur avait fait une véritable *datio in solutum*, il aurait pu répéter ce
qu'il avait donné en paiement, car il ne saurait
y avoir de dation en paiement quand il n'y a pas
de dette (1).

Ce qui a contribué à déterminer certains auteurs à voir une vente dans la *datio in solutum*,
c'est que plusieurs textes accordent, en notre
matière, une action *ex empto* au créancier évincé
de la chose donnée en paiement. C'est vrai,
mais il faut remarquer, que les textes qui donnent cette action *ex empto*, ne la donnent qu'*utilitatis causa*. Ce mot *utilis* doit nous mettre en
garde, il nous montre bien qu'il n'y a ici qu'une
simple analogie. La garantie se rencontre dans
tous les contrats à titre onéreux, et il n'est pas
nécessaire pour cela de recourir à l'idée de
vente. Mais comme l'a très bien dit M. Maynz (2),
c'est en matière de vente que l'obligation de
garantie a été traitée et développée avec le plus
de soin; aussi les règles tracées pour ce contrat
sont-elles fréquemment appliquées par analogie
aux autres contrats.

Ce qui prouve encore qu'il n'y a pas vente,
c'est que cette *datio in solutum* ne constitue pas
un contrat synallagmatique, puisqu'il n'y a pas

(1) Pothier. *Traité de la vente*, nos 601 et suiv.
(2) M. Maynz. *Droit romain*, II, § 170, note 19.

ici d'obligations réciproques. L'*accipiens* ne s'oblige à rien, il permet simplement au débiteur de lui payer *aliud pro alio*.

Les partisans de la doctrine que nous combattons n'admettent qu'il y a vente que lorsque la dette à éteindre est une dette de somme d'argent. Quand cette dette a pour objet une chose autre que de l'argent, ils assimilent la dation en paiement à un échange. Nous ne croyons pas encore que cette idée soit exacte; car, pour qu'il puisse y avoir échange, il faudrait que le créancier s'engageât à exécuter une *datio* ou un *factum*. Or, il est bien évident qu'il n'y a pas de *datio*. Il n'y a pas non plus de *factum*, car on ne peut considérer comme un *factum*, dans le sens donné à ce mot dans les contrats innomés, la permission accordée par un créancier à un débiteur de lui payer une chose autre que celle qui lui est due.

Si on veut rapprocher la *datio in solutum* d'une opération juridique, il faut la rapprocher du paiement avec lequel elle a de très grandes analogies. Comme lui elle éteint une obligation par la satisfaction matérielle du créancier, *re*. Comme dans le paiement, on n'y voit pas d'idée de spéculation. Le créancier qui permet à son débiteur de lui donner une chose en paiement, désire seulement rentrer dans sa créance en prenant ce que son débiteur lui offre; et, de son côté, le débiteur ne vise qu'à une chose, se libérer. Les Institutes (Tit. 29, *pr. Liv.* 3) prouvent ce que nous avançons, puisqu'elles mettent la

datio in solutum sur le même pied que le paiement : « *Tollitur autem omnis obligatio solutione
ejus quod debetur, vel si quis consentiente creditore
aliud pro alio solverit.* » Nous appliquerons
donc, en principe, les mêmes règles à ces deux
opérations; quelquefois, cependant, elles pourront différer entre elles, nous nous écarterons
alors des règles du paiement.

La *datio in solutum* est un mode d'extinction
des obligations; comme le paiement, c'est un
acte unilatéral que nous définirons : « *La prestation d'une chose autre que celle qui est due,
fournie par le débiteur au créancier qui l'accepte.* »

Ainsi, deux conditions pour qu'il y ait dation
en paiement :

1° Prestation d'une chose autre que celle qui
est due; autrement nous retomberions dans le
paiement.

2° Consentement du créancier. Le créancier,
en effet, n'est pas tenu d'accepter une autre
chose que celle qui lui est due, sauf quelques
exceptions que nous verrons bientôt.

CHAPITRE II

Conditions de validité de la « datio in solutum ».

Nous verrons successivement quelles sont les personnes qui peuvent faire une *datio in solutum,* et quelles sont celles qui peuvent en recevoir une; nous traiterons ensuite du consentement des parties; dans certains cas exceptionnels, ce consentement fera défaut, il y aura alors dation en paiement forcée.

A. — *Qui peut faire une* datio in solutum?

Comme le paiement, la *datio in solutum* n'a pas besoin d'être accomplie par le débiteur en personne ou par son délégué; elle peut être valablement faite par un tiers quelconque, pourvu que ce tiers soit capable d'aliéner, et cette dation en paiement peut être faite même à l'insu ou contre le gré du débiteur. Pourquoi cela? C'est d'abord dans l'intérêt du créancier. D'un autre côté, il y a l'intérêt bien entendu du débiteur. Les Romains ont favorisé l'extinction des obligations, parce que l'inexécution de l'obligation entraîne contre le débiteur des conséquences très rigoureuses. Mais par suite de cette *datio in solutum*, des rapports de droit interviendront entre celui qui l'a faite et le débiteur pour qui elle a été faite. Si le *tradens* avait reçu un mandat du débiteur, il aura contre ce dernier l'action *mandati contraria* en remboursement ; s'il n'avait pas de mandat, il n'aurait que l'action *negotiorum gestorum*.

Faut-il aller plus loin et dire que ce tiers qui a ainsi fait une *datio in solutum* pourrait se faire céder les droits et actions du créancier ? La question présente un grand intérêt pour ce tiers, car l'action du créancier pouvait être entourée de sûretés soit personnelles, soit réelles, au lieu que l'action provenant de l'acte de gestion n'est munie d'aucune garantie spéciale.

Oui, ce tiers pourrait obtenir la cession des actions, mais ce ne serait pas un droit pour lui de les exiger, le créancier est maître de refuser.

Il faut que celui qui fait la *datio in solutum* soit capable d'aliéner la chose et en soit propriétaire.

Il faut d'abord être capable d'aliéner.

La *datio in solutum* est un acte à titre onéreux et conventionnel ; conventionnel, c'est-à-dire qu'il faut la volonté du créancier et du débiteur. Nous exigerons donc les règles de la capacité ordinaire.

Voilà un pupille qui fait une dation en paiement, il aliène ainsi sa chose, il rend par cela même sa condition pire ; l'acte qu'il a fait ne sera pas valable et il ne sera pas libéré. Mais d'un autre côté l'acceptant ne deviendra pas propriétaire de la chose donnée en paiement. Donc, si elle existe encore, le pupille pourra la revendiquer; si la revendication n'est plus possible, il en demandera la restitution par une action personnelle, la *condictio sine causâ,* si le créancier était de bonne foi, l'action *ad exhibendum* s'il était de mauvaise foi.

Il faut ensuite que celui qui fait la *datio in solutum* soit propriétaire, car dans toutes les obligations qui ont pour objet un *dare,* la propriété de la chose payée doit être transférée au créancier; autrement la créance ne serait pas éteinte. Cependant la *datio in solutum* de la chose d'autrui, quoique nulle en principe, peut être validée *ex post facto,* par exemple en vertu de la consommation faite de bonne foi, qui anéantit la propriété du tiers et rend le consommateur propriétaire irrévocable (L. 78 *de Solut.*), ou encore, en vertu de l'usucapion qui transforme le possesseur en propriétaire; c'est ce qui découle de la L. 60 *de Solut.*: « *Is qui alienum hominem in solutum dedit usucapto homine liberatur.* »

B. — *Qui peut recevoir une* datio in solutum?

Pour que la dation en paiement soit valable, il faut qu'elle soit faite au créancier. Il y a donc ici deux hypothèses fort différentes :

1º La *datio in solutum* est faite au créancier lui-même. Il faut qu'il soit capable d'aliéner,

capable de rendre sa condition pire. Donc lorsqu'un individu aura fait une *datio in solutum*
entre les mains d'un pupille *sine auctoritate tuto-
ris,* ce *solvens* n'aura pas éteint sa dette, ce qui
signifie qu'en principe, le pupille pourra plus
tard lui redemander à nouveau le paiement de
la dette. Cependant ce *solvens* pourra opposer
au pupille qui l'actionne l'exception de dol, à
condition de prouver qu'il a payé et que le paiement n'a pas été inutile au pupille, dans ce cas,
il évitera de payer une seconde fois. Mais si le
pupille n'avait profité que du quart de cette
datio in solutum, le *solvens* devrait payer une
deuxième fois, jusqu'à concurrence des trois
quarts.

2° La *datio in solutum* est faite à un tiers. Il
faut alors, pour que cette dation en paiement
soit valable, que ce tiers ait le pouvoir d'accepter,
pouvoir qu'il peut tenir de la loi ou du créancier lui-même.

Les tuteurs et curateurs tiennent leurs pouvoirs de la loi; le débiteur pourra se libérer en
leur faisant une *datio in solutum;* mais il serait
cependant exposé à voir son obligation revivre
par l'effet d'une *in integrum restitutio,* chose
inique, car on n'est pas libre de payer ou de ne
pas payer. Justinien introduisit un changement
très équitable sur ce point (*Instit.* § 2 *Liv.* II
tit. VIII, *quibus alienare licet vel non.* — L. 25,
Code de adm. tut. v. 37). Il décida que le débiteur
du pupille pourrait valablement se libérer entre
les mains du tuteur ou du curateur, sous la

condition de s'y faire autoriser par une sentence judiciaire rendue sans frais. A cette condition la dation en paiement sera suivie d'une pleine sécurité.

La dation en paiement faite à un mandataire général serait valable, de même celle faite à une personne qui aurait le mandat spécial de recevoir une chose en paiement.

Comme un débiteur de bonne foi ne doit pas souffrir de la faute de son créancier, la *datio in solutum* faite à un mandataire révoqué est valable, lorsque le créancier a laissé ignorer la révocation au débiteur. Cette *datio in solutum* sera valable *ipso jure* ou *exceptionis ope* suivant une distinction faite à la L. 38 § 1 *Dig.* XLVI. 3. Si le mandataire révoqué a accepté la *datio in solutum* pour le créancier, le débiteur est libéré *ipso jure;* mais si le mandataire révoqué a reçu la dation en paiement dans l'intention de se l'approprier, *lucrandi animo*, le débiteur ne sera alors libéré qu'*exceptionis ope*, qu'en faisant valoir son ignorance, l'erreur où il se trouvait par suite de la négligence du créancier qui ne lui avait pas fait savoir qu'il avait révoqué son mandataire. Et pour être libéré, ce débiteur devra céder au créancier les actions de vol qu'il a acquises contre le mandataire révoqué.

L'*adstipulator* pouvait-il accepter une *datio in solutum ?* Évidemment oui, puisqu'il avait les mêmes pouvoirs que le créancier, puisqu'il pouvait même libérer le débiteur sans avoir reçu le paiement.

Accorderons-nous les mêmes pouvoirs à l'*adjectus solutionis gratia?* Non, les pouvoirs de l'*adjectus* sont bien moins étendus que ceux de l'*adstipulator*. L'*adstipulator* est créancier, il a sur la créance tous les pouvoirs de disposition du créancier lui-même ; l'*adjectus* au contraire n'est pas créancier, il n'a pas été partie au contrat, il n'a qu'un pouvoir : celui de recevoir un paiement volontaire. Mais ce pouvoir ne s'étend pas jusqu'à recevoir valablement une chose autre que celle qui est due. Ce serait contraire à l'intention présumée du créancier, car il est très probable que le créancier n'aurait pas donné mandat à l'*adjectus* de pouvoir délivrer bonne et valable quittance au débiteur, s'il avait su que l'*adjectus* accepterait en paiement *aliud pro alio.*

Ainsi la *datio in solutum* faite à un individu sans pouvoir n'emporte pas libération (L. 34 § 4 *de solut.*). Mais de deux choses l'une : ou cette *datio in solutum* a été faite par erreur, et alors le *solvens* acquiert immédiatement la *condictio indebiti ;* ou cette *datio* a été faite en connaissance de cause, et alors elle pourra produire après coup l'effet libératoire qu'elle n'a pas eu tout d'abord, lorsque le créancier en profitera ou la ratifiera (L. 12 § 4 ; L. 28 *de sol.*— L. 12 *Code, de sol.*). Si le créancier ne profite pas de cette *datio in solutum,* ou s'il ne la ratifie pas, le *solvens* ayant payé sans erreur ne pourra pas *condicere quasi indebitum ;* mais s'il a fait cette dation en paiement en vue d'obtenir une ratification du créancier, il aura une *condictio sine causâ* ou *ob rem dati*. A ce sujet s'élève la question de savoir si le débiteur ne peut agir que lorsque la ratification a été refusée, ou s'il peut agir avant. Ulpien dans la L. 58, *pr. de solut.*, nous dit que cela dépend de l'intention dans laquelle le débiteur a payé au gérant d'affaires. A-t-il voulu se libérer de suite en considérant le gérant comme un véritable mandataire, il aura la *condictio sine causâ,* car il a payé pour être libéré de suite; n'étant pas libéré, il y a eu *datio sine causâ.* Savait-il, au contraire, que le gérant n'était pas mandataire, il ne pourra répéter ce qu'il a donné, qu'une fois que la ratification aura été refusée.

CONSENTEMENT DES PARTIES

Dans toute convention le concours de volonté du créancier et du débiteur est indispensable. Pour que ce concours existe il faut naturellement que l'acceptation réponde, sous tous les rapports, à l'offre. Ainsi il n'y aurait pas convention si le créancier et le débiteur n'avaient pas en vue le même objet.

Nous ne passerons pas en revue toutes les causes qui peuvent altérer le consentement, nous n'examinerons que l'erreur qui demande quelques explications.

Le débiteur a fait une *datio in solutum* alors que la dette n'existe plus, ou bien la dette existe déjà, mais elle est encore tellement incertaine qu'il est contraire à l'équité de prohiber la répétition; par exemple, le débiteur a fait une dation en paiement *pendente conditione*. Le paiement de l'indu constitue une créance et l'action qui compète au *tradens* est une action personnelle. Car la tradition effectuée par ce *tradens solvendi animo* a eu pour effet d'opérer translation de propriété de la chose payée à l'*accipiens*. Il y aura mutation de propriété quoique la tradition ait été faite en vertu d'une cause imaginaire. Autrement, si l'erreur du *tradens* empêchait le déplacement de la propriété, le *tradens* ne serait pas seulement créancier, il aurait aussi l'action en revendication. A Rome, il est de règle qu'on ne peut pas, pour la satisfaction d'un même intérêt, intenter la *rei vindicatio* et la *condictio* ; ce serait impliquer qu'un même droit peut être tout ensemble droit réel et droit de créance, c'est-à-dire, exister contre tout le monde et néanmoins n'exister que contre une personne déterminée. Or, les textes accordent ici la *condictio*, ils refusent par cela même la *rei vindicatio;* le *tradens* a donc cessé d'être propriétaire. Ceci est très équitable, car les tiers ont eu une juste raison de croire que l'*accipiens* était devenu propriétaire de la chose donnée en paiement, et se sont sans doute basés là-dessus pour traiter avec lui.

Si le débiteur en donnant sa chose en paiement s'est seulement trompé sur le montant de la dette, il pourra réclamer sa chose, à condition de payer ce qu'il doit. C'est ce que dit la L. 26 § 4 de cond. indeb. « *Si centum debens, quasi ducenta deberem, fundum ducentorum solvi : competere repetitionem Marcellus lib. 20 Digestorum scribit, et centum manere stipulationem. Licet enim placuit, rem pro pecunia solutam parere liberationem ; tamen si ex falsâ debiti quantitate majoris pretii res soluta est, non fit confusio partis rei cum pecuniâ : nemo enim invitus compellitur ad communionem : sed et condictio integræ rei manet, et obligatio incorrupta : ager autem retinebitur, donec debita pecunia solvatur.* » Cette loi est fondée sur ce que je n'aurais pas donné, peut-être même avec un retour, cette chose en paiement, si je n'avais pas été dans l'erreur, quant à la somme que je devais, et sur ce que je ne puis être contraint à me trouver dans l'indivision malgré moi.

Nous invoquons, en passant, ce texte comme un argument contre le système qui voit une vente dans la *datio in solutum,* car s'il y avait vente, le débiteur ne pourrait pas répéter ce qu'il a donné en paiement.

Nous avons dit qu'en principe, pour qu'il y ait *datio in solutum* il fallait le consentement des parties. Il y aura cependant plusieurs cas où ce consentement ne sera pas exigé ; le créancier sera obligé d'accepter autre chose que ce qui lui est dû.

Dans un autre cas, au contraire, il sera défendu aux parties de faire une *datio in solutum.*

A. — *Cas où le créancier est obligé d'accepter autre chose que ce qui lui est dû.*

1er Cas. — C'est celui d'une obligation *facultative.* Il y a obligation facultative quand la dette a pour objet telle chose, par exemple, l'esclave Stichus, et que néanmoins la loi ou le contrat autorisent le débiteur à se libérer *ipso jure* en en donnant une autre à la place, soit en donnant une somme d'argent. Cette faculté ne modifie pas la nature de l'obligation, un seul objet est dû et cet objet est dès à présent déterminé ; car il ne dépend pas de la volonté du débiteur comme dans l'obligation alternative. Dans cette obligation facultative le débiteur peut à la place de la chose due *(in obligatione)* en offrir une autre qui est *in facultate solutionis.*

Passons en revue quelques hypothèses d'obligations facultatives :

1° En matière de vente d'immeubles, Dioclétien décida que toutes les fois que le prix serait inférieur à la moitié de la valeur réelle, le vendeur pourrait faire rescinder le contrat et reprendre sa chose, en restituant le prix, à moins que l'acheteur n'aimât mieux garder la chose en payant lui-même le supplément du juste prix. (L. L. 2 et 8 *Code, de resc. vend.* IV. 44). Ici ce qui est dû *(in obligatione)* par l'acheteur, c'est la chose qu'il a achetée; mais si au lieu de la rendre, il paye le supplément du juste prix, il fait une dation en paiement forcé.

2° A propos de l'action noxale. Avant la condamnation, le défendeur n'est tenu que *propter rem*. Il échappe à toute condamnation, non seulement en faisant l'abandon noxal, mais aussi lorsqu'il ne possède plus sans dol; donc la mort de l'esclave, ou un autre cas fortuit, libère le défendeur. Après la condamnation la situation du défendeur change. Désormais il est personnellement tenu au paiement de la *litis æstimatio*, et l'abandon noxal n'est plus pour lui qu'une *facultas solutionis* (L. 6 § 1 *de re jud.* XLII. 1). En abandonnant son esclave au lieu de payer la *litis æstimatio*, le liquidateur fait une dation en paiement que le créancier n'aura pas le droit de refuser.

2° *Cas.* — En matière de compensation.

A partir de Marc-Aurèle la compensation put être opposée, même dans les contrats de droit strict (§ 30 *de Act. Inst.*). Et elle s'appliquait à des dettes n'ayant pas la même origine *(ex dispari causá)*, puisque les actions *stricti juris* dérivent invariablement d'une cause unilatérale.

La réforme de Marc-Aurèle, qui ne visait que les contrats de droit strict, a eu son contre-coup dans les contrats de bonne foi. La compensation qui avant n'était admise dans ces actions que quand les deux créances dérivaient *ex eâdem causá*, a pu dès lors s'accomplir même quand les créances étaient *ex dispari causá*.

Pour faire admettre la compensation par le juge, le défendeur avait recours à l'exception de dol; car c'est un principe que la bonne foi nous ordonne de ne réclamer ce qu'on nous doit, que déduction faite de ce que nous devons.

Ceci dit, le défendeur qui, au moyen de l'exception de dol, opposait au demandeur la créance que celui-ci lui devait de son côté, faisait une dation en paiement au demandeur. Je vous dois l'esclave Stichus, vous me devez 100, vous me poursuivez pour me forcer à vous donner l'esclave Stichus, je vous oppose les 100 que vous me devez; cette créance de 100, que je vous oppose, je vous la donne en paiement jusqu'à concurrence de la valeur de l'esclave Stichus.

Et quoiqu'il y ait en présence deux créances aussi différentes, ce sera parfaitement valable. Car pour opposer cette compensation, il n'est pas nécessaire que les deux dettes soient liquides ou aient pour objet des choses de même nature. Le juge sera là pour liquider ces créances, c'est-à-dire qu'il en vérifiera l'existence et la quotité, il les ramènera à une estimation pécuniaire, puis fera alors la compensation.

3e Cas. — Paul dans la L. 99. *Dig.* xLvi. 3 nous dit : *Debitorem non esse cogendum inaliam formam nummos accipere, si ex eâ re damnum aliquod passurus sit.* C'est non pas *debitorem* mais *creditorem* qu'il faut lire, autrement la loi n'aurait pas de sens. Il résulte *a contrario* de cette loi que le créancier sera tenu d'accepter la somme due autrement qu'en or, bien qu'il se soit fait promettre de l'or, s'il n'en éprouve pas de préjudice.

Une loi de Paul, la L. 50 (*cod. tit.*) semble en opposition avec ce que nous venons de dire.

Cette loi est ainsi conçue : *Si cum aurum tibi promisissem, ignoranti, quasi aurum, æs solverim : non liberabor, sed nec repetam hoc quasi inde bitum solutum, quod sciens feci : petentem tamen te aurum, exceptione summovebo, si non reddas æs, quod accepisti.*

On doit cependant écarter toute idée d'opposition entre ces deux lois, qui sont toutes les deux de Paul ; car il est inadmissible que ce jurisconsulte ait pu se mettre dans une contradiction aussi flagrante. La seconde loi que nous venons de citer doit viser le cas où le créancier a éprouvé un dommage en recevant du cuivre à la place de l'or qui lui était promis. Ceci est très compréhensible ; le créancier peut avoir avantage à être payé en or, c'est une monnaie beaucoup moins encombrante que le cuivre.

Ainsi expliqué, ce texte ne contredit nullement la loi 99.

4e Cas. — Quand le débiteur d'une somme d'argent n'a que des immeubles, qu'il ne trouve pas à vendre à un prix raisonnable, le créancier est tenu de les accepter en paiement, avec faculté de les choisir parmi les meilleurs, pour un prix à estimer judiciairement ; tandis qu'en principe le débiteur aurait dû vendre ses immeubles à n'importe quel prix. C'est Justinien qui a introduit cette mesure exceptionnelle dans la *Novelle 4. Chap. 3*, on l'appelle le *bénéfice de dation en paiement*. Au fond elle n'est qu'une

forme particulière de la cession de biens, qui
permet à un débiteur malheureux et de bonne
foi, d'empêcher la vente de ses biens en les
abandonnant à ses créanciers, qui doivent les
imputer sur le montant de leurs créances.

Cette Novelle présentait un mauvais côté en
ce sens qu'il était fâcheux de voir protéger
ainsi les débiteurs peut-être outre mesure. Les
créanciers devaient quelquefois se trouver fort
gênés de recevoir en paiement un immeuble au
lieu d'une somme d'argent. Aussi cette mesure
n'avait dû contribuer ni à augmenter le crédit,
ni à diminuer les prétentions des créanciers
envers leur débiteur.

Ce qui à la rigueur peut expliquer cette Novelle, c'est la situation économique où se trouvait alors l'empire. On traversait à cette époque
des temps fort troublés, les affaires étaient
désastreuses, l'agriculture était tombée; les
barbares menaçaient d'envahir l'empire. On
peut concevoir alors qu'en présence d'une
pareille crise, on ait essayé de venir en aide aux
débiteurs malheureux.

La *Novelle* 4 de Justinien n'est pas, à vrai
dire, une innovation, car sous la République,
d'après ce que nous dit Tite-Live (Liv. vii,
Chap. 21) on avait déjà fait une tentative de ce
genre. Dans ce chapitre, Tite-Live nous rapporte que les consuls Valérius Publicola et
C. Marius Rutilus essayèrent d'alléger le far-
deau de l'usure qui semblait un obstacle à une
entière union entre patriciens et plébéiens. Ces

consuls virent un intérêt public à ce que les
dettes fussent acquittées. A cet effet ils créèrent
des quinquévirs qui furent chargés de cette
répartition pécuniaire. On dressa alors dans le
forum des comptoirs avec de l'argent, et le
Trésor paya, après avoir pris toutes sûretés
pour l'Etat; ou bien, nous dit Tite-Live, et c'est
là le point important « une estimation à juste
prix et une cession libéraient le débiteur». Cette
mesure ne fut que transitoire, elle disparut avec
les circonstances qui l'avaient fait naître.

B. — *Cas où la* datio in solutum *est prohibée par la loi.*

Nous ne connaissons que le cas suivant :

Il était d'usage d'insérer une *lex commissoria*
dans le contrat de gage. Cette clause donnait
au créancier gagiste le droit de s'approprier,
s'il n'était pas payé dans le délai fixé, la chose
donnée en gage; c'était ainsi une vraie vente
sous condition suspensive; le créancier acquiert
le *pignus* à titre d'acheteur, *jure emptoris*. Une
pareille clause devait forcément ouvrir la voie
aux plus grands abus; les prêteurs avaient soin
de se faire donner en gage des choses dont
la valeur dépassait de beaucoup la somme qui
leur était due, et ils faisaient insérer dans le
contrat la clause commissoire que n'osaient
pas repousser les débiteurs, presque toujours
à la discrétion de leurs créanciers, ou s'illu-
sionnant sur leurs propres ressources. Si au

terme fixé, la dette n'était pas payée, le créancier gagiste devenait propriétaire du gage,
réalisant ainsi une opération excellente pour
lui, mais désastreuse pour le débiteur. Ces
clauses léonines se multiplièrent tellement que
le législateur, en présence de tant de fraudes,
dut intervenir. Une constitution de Constantin
mit fin à ce déplorable état de choses, en prohibant d'une manière absolue, l'usage de la
lex commissoria dans le contrat de gage : *Quoniam inter alias captiones præcipue commissoriæ
pignorum legis crescit asperitas, placet infirmari
eam, et in posterum omnem ejus memoriam abo-
leri.* (L. 3. *Code, de pact. pign.* vIII. 35.)

Certains auteurs, entre autres Doneau,
pensent que la *lex commissoria* était déjà
prohibée dans le gage, à l'époque classique, et que Constantin ne fit que renouveler
une prohibition qui existait bien avant lui.

Le texte que nous venons de citer n'est pas
favorable à cette opinion, il semble bien innover,
il suppose que la *lex commissoria* existait au
grand jour puisqu'il nous dit : *quoniam legis
commissoriæ crescit asperitas.* Il intervient précisément parce que cette clause commissoire
devient de plus en plus abusive. Enfin, d'après
le texte, nous pouvons décider que si une disposition antérieure avait prohibé la *lex commissoria*, cette prohibition devait être tombée en
désuétude. Dans le cas contraire, la loi de Constantin n'aurait été qu'une répétition inutile.

Mais même depuis la constitution de Constan-

lin, le créancier pouvait convenir avec l'emprunteur que, faute de paiement à l'échéance, la
chose donnée en gage lui appartiendrait jusqu'à
due concurrence, et d'après estimation faite de
cette chose. En effet, cette clause ne renferme
rien d'abusif, elle ne constitue pas une vente
incerti pretii. Le débiteur devant être admis à
débattre le prix, ne peut alléguer ni lésion ni
contrainte. C'est ce qui ressort de la L. 16, § 9
de pign. et hyp. ainsi conçue : *Potest ita fieri
pignoris datio, hypothecæve, ut si intra certum
tempus non sit soluta pecunia, jure emptoris pos-
sideat rem, justo pretio tunc æstimandum : hoc
enim casu videtur quodammodo conditionalis esse
venditio.*

CHAPITRE III

Effets de la « datio in solutum »

Nous étudierons séparément les effets de la *datio in solutum* vis-à-vis du débiteur, vis-à-vis du créancier, et enfin vis-à-vis des créanciers du débiteur.

§ I. — EFFETS DE LA « DATIO IN SOLUTUM » A L'ÉGARD DU DÉBITEUR

Le débiteur a payé à son créancier qui l'accepte, une chose pour une autre, cette prestation remplit toutes les conditions requises pour la validité du paiement. Comme le créancier est désintéressé, il ne pourra plus exiger une seconde fois l'exécution directe de l'obligation. Mais on peut se demander si l'action du créancier est éteinte de plein droit, ou si elle ne peut être que paralysée par l'exception de dol?

Mettons d'abord de côté l'hypothèse où le transfert de la propriété de la chose donnée en paiement, fait par le débiteur à son créancier, a été suivi d'une acceptilation. En ce cas, grâce à l'acceptilation, la dette est éteinte *ipso jure*, tout le monde est d'accord sur ce point. La question ne soulève de doutes que quand les parties n'auront pas fait d'acceptilation. Gaius nous apprend que les Sabiniens et les Proculiens étaient en désaccord sur ce point : *Tollitur autem obligatio præcipue solutione ejus quod debeatur. Unde quæritur, si quis consentiente creditore aliud pro alio solverit, utrum ipso jure liberetur, quod nostris præceptoribus placet : an ipso jure maneat obligatus, sed adversus petentem exceptione doli mali defendi debeat, quod diversæ scholæ auctoribus visum est.* (Gaius *Commentaires* III. § 168.)

Les Proculiens soutenaient que la dette n'était éteinte *qu'exceptionis ope*, car si on analyse la *datio in solutum*, on y trouve deux opérations juridiques, d'abord la translation de propriété d'une chose qui n'était pas due, puis pour la dette, un pacte de remise; or il est de règle que les pactes n'éteignent les obligations *qu'exceptionis ope*. Pour que la *datio in solutum* pût opérer *ipso jure*, disent les Proculiens, il eût fallu éteindre la dette par l'acceptilation.

Les Sabiniens étaient d'un avis opposé, ils admettaient que la dette était éteinte *ipso jure*, assimilant ainsi la *datio in solutum* au paiement; se montrant, en cette circonstance, plus innovateurs que les Proculiens.

La divergence d'opinions entre les deux Écoles sur ce sujet, s'explique très bien quand on considère le développement que le droit

romain a suivi en matière d'extinction des obligations. A l'origine du droit le formalisme règne
dans l'extinction des obligations aussi bien que
dans leur formation. A un mode de formation
des contrats correspond exactement un mode
d'extinction. *L'æs et libra*, les paroles *(verba)* et
sans doute l'écriture sur les registres domesti-
ques avaient servi chacune à opérer une sorte
de paiement imaginaire concordant avec les
obligations contractées par le même moyen, et
qui consistaient à supposer *per æs et libram,* ou
par paroles *(verbis)* ou par l'écriture *(litteris)*
que la chose due avait été payée.

Lorsqu'on tempéra les rigueurs du droit civil,
lorsqu'apparurent les contrats consensuels, on
sentit la nécessité de créer des modes d'extinction pour dissoudre ces nouveaux contrats. C'est
alors seulement que le paiement fut considéré
comme mode d'extinction des obligations opérant *ipso jure.* Ce fut une dérogation à la règle
du droit romain qui exige le formalisme pour
éteindre l'obligation comme pour la créer. La
dation en paiement a dû passer par les mêmes
phases que le paiement ; considérée d'abord
comme mode d'extinction des obligations n'opérant qu'*exceptionis ope,* on essaya plus tard de
l'assimiler au paiement, et de lui faire produire
les mêmes effets, c'était l'opinion des Sabiniens,
opinion qui fut adoptée par Dioclétien dans un
rescrit (L. 17, *Code, de solut.)* qui donne à la *datio
in solutum* la même force qu'au paiement fait
par un tiers : *Manifesti juris est, tam alio pro*

debitore solvente, quam rebus pro numeratâ pecuniâ consentiente creditore datis, tolli paratam obligationem. Justinien se range à la même idée quand il dit dans ses *Institutes* : *Tollitur autem omnis obligatio solutione ejus quod debetur, vel si quis consentiente creditore aliud pro alio solverit. (Quib. mod.oblig. tollitur, pr.)*

La question de savoir si la *datio in solutum* est un mode d'extinction opérant *ipso jure* ou *exceptionis ope* n'a pas qu'un intérêt purement théorique; elle a aussi deux grands intérêts pratiques. Nous relevons les deux différences suivantes entre ces modes d'extinction :

1° D'abord une différence de procédure: lorsqu'il est intervenu un mode d'extinction *ipso jure,* quelle que soit la nature de l'action, le débiteur n'aura à s'occuper de rien dans la formule, il n'aura qu'à prouver *in judicio* qu'il a fait un paiement. Au contraire, si c'est un mode d'extinction *exceptionis ope,* il faudra que le débiteur fasse insérer une exception dans la formule.

2° Lorsque l'extinction d'une obligation s'est opérée *ipso jure,* il y a une extinction irrévocable, il est impossible aux parties de faire revivre cette dette. Au contraire, lorsque l'obligation ne s'est éteinte qu'*exceptionis ope,* il suffira que les parties qui ont fait, je suppose, un pacte *de non petendo,* fassent un pacte en sens contraire, un pacte *ut petatur,* pour que l'obligation revive. Ainsi le mode d'extinction *exceptionis ope* est plus souple et convient mieux quand les

parties ne veulent éteindre l'obligation que pro-
visoirement.

La *datio in solutum* opère *in rem*. Il ne faut
pas confondre *in rem* et *ipso jure*. Il y a des
modes d'extinction qui opèrent *ipso jure* et qui
ne produisent pas leurs effets *in rem*, exemple:
la confusion. Il y en a d'autres qui, opérant
exceptionis ope, pourront éteindre la dette à
l'égard de tout le monde, tel est le pacte de constitut. Ce qui a amené la confusion, c'est que
dans la plupart des cas, quand la dette est éteinte
ipso jure, elle opère *in rem*.

La *datio in solutum* opère *in rem*, cela veut
dire que si nous supposons qu'il y ait plusieurs
débiteurs de la même dette et que l'un d'eux
paye toute la dette, l'extinction est générale et
s'étend même à ceux qui n'ont pas payé. Ainsi
dans le cas de solidarité, le créancier a le choix
de poursuivre celui des débiteurs qu'il veut et
peut lui demander le tout; mais dès que l'un des
débiteurs a effectué la prestation, l'obligation
est éteinte, les autres débiteurs sont libérés.

Nous allons examiner successivement les différentes hypothèses de cautionnement et voir ce
qui arrive lorsque l'un des débiteurs fait une
datio in solutum au créancier.

Voyons d'abord le cas où la dette était garantie
par un ou plusieurs fidéjusseurs; l'un d'eux ou
le débiteur principal fait une *datio in solutum*.
Le fait libératoire de la dation en paiement
affecte alors l'objet même de l'obligation. Or,
l'obligation ne peut pas perdre son objet vis-à-

vis de l'un des obligés sans par cela même le
perdre à l'égard des autres. Nous n'aurons pas
à rechercher si le fait extinctif se réalise en la
personne de l'un des fidéjusseurs ou du débiteur principal. Il faut décider que l'obligation
qui est éteinte *ipso jure* vis-à-vis du débiteur
principal, est éteinte de la même façon à l'égard
des fidéjusseurs, et réciproquement.

En est-il de même quand il y a *mandatum
pecuniæ credendæ?* On donnait mandat avant de
contracter d'avoir confiance en la solvabilité de
telle personne; et le mandant s'obligeait à indemniser le mandataire de tout le préjudice que
pourrait lui causer l'inexécution du mandat. Ce
mandator au fond n'est qu'un débiteur accessoire et la loi le traite comme tel. Supposons
que ce *mandator* étant poursuivi par le créancier
ait fait une *datio in solutum*, y aura-t-il en ce cas
extinction *in rem*? Le débiteur principal sera-
t-il libéré *ipso jure*? Non, nous dit Ulpien (L. 28
Dig. xvii. 1.) Parce que le *mandator* a payé en
vertu d'une dette propre; le *mandatum pecuniæ
credendæ* est un contrat principal ayant une
existence personnelle. Il en résulte que la dette
provenant du mandat est distincte de celle du
débiteur que garantit le *mandator*. Le créancier
a deux actions et l'exercice de l'une n'épuise
pas l'autre. Seulement si après avoir reçu une
datio in solutum du *mandator*, le créancier voulait agir contre le débiteur principal, il serait
repoussé par l'exception de dol.

Mais si une dette était garantie par plusieurs

comandatores pecuniæ credendæ et que l'un d'eux
donnât une chose en paiement au créancier,
tous les *comandatores* seraient libérés (L. 52.
§ 3. xlvi. 1.). Une fois la *datio in solutum* faite,
le *comandator* qui a payé, ne pourrait plus demander la cession des actions contre ses *comandatores;* mais il pourrait la demander contre le
débiteur principal, parce que la *datio in solutum*
a bien éteint la dette résultant du mandat, mais
n'a pas éteint celle résultant du débiteur principal.

On pouvait encore avoir recours, pour cau-
tionner une dette, à la *fidejussio indemnitatis.* Le
fidéjusseur ne promet pas *idem*, mais seulement
ce que le débiteur ne sera pas en état de payer.
Il y a donc deux dettes. Ici, à la différence du
mandator pecuniæ credendæ, le fidéjusseur ne
peut être poursuivi qu'après le débiteur principal (L. 116 *Dig.* xlv. 1.). Si le débiteur principal fait une *datio in solutum* au créancier, le
fidejussor indemnitatis est naturellement libéré.

Si la dette a été garantie par plusieurs *fidejus-
sores indemnitatis* et que, le débiteur principal
n'ayant pas pu payer, l'un de ces fidéjusseurs
ait donné une chose en paiement au créancier,
ses *cofidejussores indemnitatis* seront libérés. Car
ces cofidéjusseurs sont traités comme des
coobligés les uns envers les autres; ils doivent
la même chose : indemniser le créancier de l'insolvabilité du débiteur. Sauf bien entendu le
droit pour le cofidéjusseur qui a fait la *datio in
solutum* de se faire céder les actions du créan-

cier, contre les *cofidejussores indemnitatis*, afin
de répartir la dette. Car il n'a pas de recours
efficace à intenter contre le débiteur principal
puisque celui-ci a dû être poursuivi avant lui.

Pour terminer cette revue des divers modes
de cautionnement, il ne nous reste plus qu'à voir
le pacte de constitut. A l'époque du droit classique, le fait que le constituant n'avait entendu
être traité que comme débiteur accessoire n'in-
fluait en rien sur l'action *constituta pecunia;* car
cette action avait pour but de faire compter sur
le paiement comme s'il était fait. Aussi si plusieurs personnes s'étaient engagées par pacte de
constitut à payer la dette d'autrui, chacune
d'elles ayant promis de payer la dette, pouvait
être poursuivie pour le tout sans pouvoir invoquer le bénéfice de division. Et si l'un des cons-
tituants, poursuivi par le créancier, lui faisait
accepter une dation en paiement, tous les autres étaient libérés. Mais l'équité commandait
de lui accorder la cession des actions.

Quel sera l'effet produit par la *datio in solutum* lorsqu'elle a été reçue contrairement à une
loi formelle (*causa injusta*) ou aux bonnes mœurs
(*causa turpis*)?

Dans certains cas, le fait d'avoir reçu une
dation en paiement pourra donner naissance à
une *condictio ob turpem vel injustam causam*.
Pour simplifier la question nous examinerons
séparément trois hypothèses différentes, comme
le fait du reste Paul dans la L. 1 *pr. de cond. ob*

turp. vel inj. caus. et nous verrons que dans ces trois hypothèses il n'y en a qu'une seule où l'on puisse *condicere*.

1er *Cas.* — Il y a *turpitudo ab utraque parte*, c'est-à-dire, de la part de l'*accipiens* et du *tradens*. Ainsi j'ai promis à un juge de l'argent pour qu'il rende une mauvaise sentence, et je lui donne à la place mon esclave Stichus. En ce cas on refusera la *condictio* et on appliquera la règle : *in pari causâ melior est causa possidentis.* « *Ubi autem est dantis et accipientis turpitudo versatur, non posse repeti dicimus, veluti si pecunia datur, ut male judicetur.* » (L. 3. *de cond. ob turp.*)

2e *Cas.* — La *turpitudo* n'existe que de la part du *tradens.* Ce cas se présentera très rarement; et ici la raison sera encore beaucoup plus forte pour refuser la *condictio* que dans le cas précédent; car l'immoralité se trouvant tout à la charge du *tradens,* on ne peut pas dire que les parties sont *in pari causâ* (L. 4. § 3 *de cond. ob turp.*).

3e *Cas.* — Il n'y a *turpitudo* que de la part de l'*accipiens.* La conduite du *tradens* n'a rien de blâmable, mais l'*accipiens* est répréhensible; on admettra alors la *condictio*, c'est ce que dit Ulpien : *Quotiens autem solius accipientis turpitudo versatur, Celsus ait, repeti posse, veluti, si tibi dedero, ne mihi injuriam facias* (L. 4. § 2 *de cond. ob turp.*).

§ 2. — Effets de la « datio in solutum » a l'égard du créancier

Lorsque le créancier est devenu propriétaire de la chose ou de la créance donnée en paiement, la dette est complètement éteinte.

Mais il peut arriver qu'une *datio in solutum* qui, au moment où elle est faite paraît très régulière, ne soit pas complète, la chose donnée en paiement renferme des vices ou le créancier vient à en être évincé. Dans un pareil cas, il est certain que l'obligation n'est pas exécutée et que le débiteur continue à être obligé. C'est ce qu'on exprime en disant que le débiteur est tenu de garantie. L'étendue de cette obligation varie avec les obligations elles-mêmes. Quand on aura donné en paiement une créance, l'obligation de garantie ne sera pas la même que si on eût donné en paiement une chose corporelle. Nous allons donc examiner séparément les effets de la *datio in solutum* suivant qu'elle a eu pour objet une créance ou une chose corporelle.

A. — Dation en paiement d'une créance.

L'effet de la dation en paiement d'une créance variera suivant le procédé que l'on aura employé pour faire cette dation.

S'est-on servi d'une novation *mutato creditore?* l'objet du *creditum* n'a pas changé, mais le rapport d'obligation est renouvelé dans la nova-

tion. Les sûretés qui entouraient la première
créance ont péri avec elle ; elles pourront, il est
vrai, être rétablies pour fortifier la nouvelle obligation ; mais pour cela, il faudra le consentement des débiteurs accessoires ou des proprié-
taires actuels des biens hypothéqués. (L. 11.
§ 1 *Dig. de pign. act.* XIII. 7. — L. 18 *Dig. de Nov.*
XLVI. 2. — L. 4. *Code, de fidej.* VIII. 41.)

Les parties ont-elles employé la *procuratio in
rem suam?* Nous ne retrouvons plus les mêmes
inconvénients. Grâce à ce procédé, le cessionnaire conserve la plupart des sûretés qui accompagnaient la créance primitive. Toutefois, à
l'époque classique, les fidéjusseurs étaient libérés, mais ceci n'a plus lieu sous Justinien
(L. 28 *Code de fidej.* VIII. 41), et à toute époque,
même sous l'empire du droit classique, les su-
retés personnelles résultant du *mandatum pecuniæ credendæ* et du *pacte de constitut* ne furent
jamais éteintes par la *litiscontestatio*, et se sont
toujours rattachées à l'obligation nouvelle née
au profit du demandeur (L. 18 § 3 *Dig. de const.
pec.* XIII. 5. — L. 23 *Code, de fidej.* VIII. 41). Il en
était de même pour les sûretés réelles, à l'exception des privilèges attachés à la personne du
créancier, comme celui du mineur et de la
femme mariée, dans les actions *tutelæ* et *rei
uxoriæ*, qui disparaissent avec le créancier en
faveur de qui ils existaient. (L. 13 § 4 *Dig. de
pign.* XX. 1. — L. 42 *Dig. de adm. tut.* XXVI. 7.)

Dans la dation en paiement d'une créance, le
cédant garantit l'existence de la créance, il faut

donc que le cédé soit réellement débiteur. Si
la créance n'existe pas, la dation en paiement
aura été sans effet, puisque l'objet de la cession
aura été imaginaire (L. 18 *Dig. de fidej.* xlvi. 1).
Mais devons-nous appliquer ici les règles de la
vente d'une créance et dire que le cédant ne
garantit la solvabilité du cédé que lorsque celui-ci a agi frauduleusement, sachant parfaitement qu'au moment de la cession, le débiteur
était insolvable? (L. 74 § 3 *de evictionibus,*
xxi. 2.) Nous ne le croyons pas. L'hypothèse
d'une dation en paiement est bien différente de
celle d'une vente; lorsque le créancier consent
à accepter une chose autre que celle qui lui est
due, il rend un service au débiteur qui trouve à
se libérer plus facilement; à ce point de vue le
créancier nous paraît très digne d'intérêt, il ne
faut pas qu'il ait à se repentir de sa bienveillance, et si le débiteur qui lui a été délégué est
insolvable, c'est le débiteur cédant qui doit en
supporter les conséquences.

Les règles que nous venons de poser peuvent
naturellement être modifiées par la convention
des parties; ainsi rien n'empêcherait le cédant
de stipuler qu'il ne sera tenu d'aucune garantie,
ou de dire que dans certaines hypothèses le
cessionnaire n'aura pas droit à la garantie.

Arrivons à l'hypothèse ou la créance donnée
en paiement est paralysée par une exception.
La validité de la *datio in solutum* dépendra de
la question de savoir si le cédé peut opposer au
cessionnaire les mêmes exceptions qu'au cé-

dant. Nous pensons qu'il le peut, cette règle est
impérieusement dictée par le principe d'équité
qui veut que la condition du débiteur ne puisse
être empirée par la cession. Mais ce droit du
débiteur de se prévaloir des moyens opposables
au cédant ne s'appliquerait qu'aux exceptions
qui ont pris naissance avant que le débiteur
ait eu connaissance de la cession.

B. — *Dation en paiement d'une chose corporelle.*

Examinons d'abord si la *datio in solutum* comporte la garantie des vices de la chose donnée
en paiement.

La réponse dépend de l'opinion qu'on soutient; pour ceux qui assimilent la *datio in solutum* à la vente, il est logique d'appliquer ici les
Édits des édiles curules, c'est-à-dire, d'admettre
les actions *redhibitoria* et *quanto minoris*.

Mais pour ceux qui, comme nous, ne considèrent pas la *datio in solutum* comme une vente,
il faut rejeter l'application du droit édilitien en
notre cas. Car ces édits ne s'appliquèrent jamais qu'à la vente et à l'échange. Les édiles
curules n'étaient compétents qu'en matière de
vente d'esclaves et de bestiaux, et le système de
garantie qu'ils avaient innové ne pouvait être
admis que dans cette nature de ventes (L. 1 § 1
de ædilitio edicto). La jurisprudence avait étendu
ces sages dispositions à toute espèce de vente
et à l'échange (L. 19 § 5 *de æd. edict.*), mais elle

n'alla jamais plus loin. Les autres contrats res-
tèrent en dehors de ces Édits. C'est ce qui ressort clairement de la L. 63 *de æd. edict.* « *Scien-
dum est, ad venditiones solas hoc edictum pertinere,
non tantum mancipiorum, verum cæterarum quo-
que rerum.* »

Mais si l'*accipiens* ne peut pas avoir les actions
redhibitoria et *quanto minoris*, il n'y a pas de
raison pour ne pas lui donner l'action *empti utilis*
dans la mesure du préjudice que lui causent les
vices cachés, alors même que le *tradens* les eût
ignorés. Cette décision n'a rien que d'équitable,
car l'obligation de garantie qui accompagne les
contrats à titre onéreux doit entraîner avec elle
la nécessité d'indemniser le créancier de tout
le dommage qui lui est causé par l'imperfection
de la chose. Ce que nous venons de dire res-
sortira mieux, lorsque nous aurons résolu le
point de savoir si la garantie est due en cas
d'éviction d'une chose corporelle donnée en
paiement.

C'est la question que nous allons aborder (1).

Éliminons d'abord les cas où la question ne
peut pas faire de doute.

La question ne présente pas de difficultés,
lorsque le débiteur a vendu sa chose et a com-
pensé le prix de vente avec sa dette ; en ce cas,
il y a eu une véritable vente, le créancier est
considéré comme un acheteur, il en a tous les

(1) Pour cette question, nous avons eu souvent recours à
l'excellent ouvrage de M. Labbé, *De la garantie en droit
romain. (Revue pratique,* 1865, tome XIX, p. 558 et suiv.)

droits, il aura donc l'action *ex empto* pour se faire indemniser.

Les parties ont pu aussi s'expliquer d'une façon telle, qu'il ne puisse y avoir place pour aucune incertitude. Ainsi le créancier a très bien pu entourer la dation en paiement de toutes les précautions possibles. Il a pu dire au débiteur : je n'accepte le fonds Cornélien en paiement des 100 que vous me devez, qu'à la condition que vous me ferez une *stipulatio duplæ* pour me garantir dans le cas où je viendrais à être évincé de ce fonds.

La question n'offre de difficultés réelles que si les parties ne se sont pas suffisamment expliquées à cet égard.

Si le créancier a été trop confiant, s'il n'a pas pris les précautions dont nous venons de parler, et qu'il vienne ensuite à être évincé, on peut se demander s'il aura un recours en garantie? S'il en a un, quel sera-t-il?

Nous avons plusieurs textes sur cette matière qui semblent poser des solutions différentes. Les uns paraissent considérer le créancier évincé de la chose donnée en paiement comme un acheteur et lui donnent l'action *utilis ex empto;* les autres font revivre l'ancienne obligation et accordent au créancier évincé l'action qui découlait de cette obligation.

Faut-il voir dans ces textes une véritable contradiction entre les jurisconsultes? Peut-on, au contraire, les concilier?

C'est une question qui demande à être étudiée

avec une grande attention. Commençons par donner les textes sur lesquels roule toute la discussion.

Un texte d'Ulpien et un texte d'Antonin Caracalla, prévoyant l'éviction de la chose donnée en paiement au créancier, lui donnent l'action *utilis ex empto* pour recourir contre le débiteur, mais ne disent pas si l'ancienne action subsiste.

Voici le texte d'Ulpien : *Eleganter apud me quæsitum est si impetrasset creditor a Cæsare ut pignus possideret, idque evictum esset, an habeat contrariam pigneratitiam? Et videtur finita esse pignoris obligatio, et a contractu recessum. Imò utilis ex empto accomodata est, quemadmodum si pro soluto ei res data fuerit, ut in quantitatem debiti ei satisfiat, et in quantum ejus intersit : et compensationem habere potest creditor, si forte pigneratitia, vel ex alia causa cum eo' agetur.* (L. 24 pr. Dig. XIII. 7.)

Ainsi un créancier a obtenu de l'empereur de conserver la chose donnée en gage à titre de propriétaire, n'ayant pas trouvé d'acquéreur. Ce créancier est évincé et on demande s'il aura l'action *pigneratitia contraria*. Ulpien nous dit : Non, le contrat de gage est anéanti, le créancier ne détenait plus en qualité de créancier gagiste, mais bien en celle de propriétaire. Mais comme ce créancier avait reçu la chose donnée en gage, en paiement de sa créance, on décide que sa situation est analogue à celle d'un tiers qui aurait acheté le gage ; il aura l'action *utilis ex empto*.

L'autre texte est un rescrit d'Antonin Caracalla : *Si prædium tibi pro soluto datum est,
quod aliis creditoribus, fuerat obligatum : causa
pignoris mutata non est. Igitur si hoc jure fuerit
evictum, utilis tibi actio contra debitorem com-
petit. Nam hujusmodi contractus vicem venditionis
obtinet.* (L. 4 *Code, de evict.* viii. 45.)

Voici l'espèce : je vous ai donné en paiement
un bien qui était hypothéqué à d'autres créanciers. Les hypothèques n'en subsistent pas
moins ; et si vous êtes évincé par ces créanciers
hypothécaires, vous aurez contre moi l'action
utilis ex empto. On assimile la dation en paiement à une vente.

Passons aux textes qui, lorsqu'il y a éviction,
laissent subsister l'ancienne obligation.

D'abord ce fragment de Paul : *Qui res suas
obligavit, postea aliquam possessionem ex his
pro filia sua dotem promittendo obligavit et solvit : si ea res a creditore evicta est, dicendum est
maritum ex dotis promissione agere posse, ac si
statuliberum, remve sub conditione legatam, dotis
nomine pro filia pater solvisset. Harum enim rerum
solutio non potest nisi ex eventu liberare : scilicet
quo casu certum erit remanere eas.* (L. 98 *pr.
Dig. de solut.* xlvi. 3.)

Un père a hypothéqué ses biens ; il vient à
marier sa fille, il hypothèque l'un de ses biens
comme garantie de la dot, et il donne à son gen-
dre le bien même qu'il lui avait hypothéqué
pour assurer le paiement de la dot. Le créancier antérieur évince le mari. Paul nous dit que

le mari peut agir en vertu de la promesse de
dot, comme il le pourrait si on lui avait livré un
statuliber ou une chose léguée sous condition,
et dont il se trouverait évincé par suite de l'accomplissement de cette condition ; car le paiement n'éteint l'obligation qu'autant que le
créancier conserve la chose payée.

Marcien exprime une opinion analogue dans
le fragment suivant: *Si quis aliam rem pro alia
volenti solverit, et evicta fuerit res; manet pris-
tina obligatio: et si pro parte fuerit evicta, tamen
pro solido obligatio durat: nam non accepisset re
integra creditor, nisi pro solido ejus fieret.* (L. 46
pr. Dig. de solut. xlvi. 3.)

Ainsi un débiteur a donné à son créancier,
qui l'accepte, une chose en paiement, le créancier est évincé ; le texte nous dit que l'ancienne
obligation subsiste pour le tout, alors même que
le créancier n'aurait été évincé que pour partie;
car le créancier n'aurait pas reçu la chose,
si elle n'avait pas dû devenir sienne en entier.

La même règle semble être posée dans ce
rescrit de Dioclétien et Maximien : *Libera qui-
dem Theodora, quam ex emptionis causa, vel in
solutum creditori traditam proponis, pronunciata :
citra provocationis auxilium sententia rescindi
non potest. Verum si mota quæstione, præmissa
denuntiatione ei, qui auctor hujusmodi mulieris
fuit, judicatum processit : quanti tua interest, empti,
si emisti: vel ob debitum reddendum, si in solutum data est, repetere non prohiberis.* (L. 8 Code,
de Sent. et interl. vii. 45.)

Voici la question dont il s'agit : Theodora passait pour esclave, on l'a vendue ou donnée en
paiement. Puis elle réclame sa liberté, et
le juge la déclare libre. Le rescrit nous dit
que la sentence prononcée par le juge ne sera
susceptible d'être rescindée que par la voie de
l'appel. Mais si l'acheteur ou le créancier qui a
reçu Theodora en paiement, a eu la précaution
d'avertir son auteur de l'instance relative à la
liberté, il pourra se faire indemniser par l'action *empti,* s'il est acheteur, par l'action *primitive* s'il a reçu Theodora en paiement.

Nous avons fini d'exposer les divers textes
qui se rapportent à notre question; au fond,
sont-ils aussi en contradiction qu'ils le paraissent? La question que nous allons tenter de
résoudre, n'offre pas qu'un pur intérêt de discussion, elle présente deux grands intérêts pratiques.

Si on donne au créancier évincé une action
utilis ex empto, on lui donne une action en indemnité : lorsqu'on veut faire réparer un dommage
on se place au moment où le dommage se produit, et non pas au jour du contrat; de telle sorte
qu'il peut excéder la valeur de la chose comme
aussi ne pas l'atteindre. Si, par exemple, nous
supposons qu'au moment de l'éviction la chose
vaille 150, si on donne au créancier évincé l'action *utilis ex empto,* il pourra demander 150 alors,
même que cette chose n'eût valu que 100 lorsqu'elle avait été donnée en paiement; et inversement si, par suite d'une diminution de valeur,

la chose qui valait 200 lorsqu'elle avait été donnée en paiement, était tombée à 80, au moment ou se produit l'éviction, le créancier ne pourrait demander que 80. Si le créancier a l'action *utilis ex empto*, il obtient le remboursement des dépenses qu'il n'a pas pu se faire rendre par le propriétaire, la valeur des fruits et celle de toutes les acquisitions que lui avait procurées la chose et que l'éviction lui enlève. En résumé, la condamnation est calculée d'après le préjudice causé par l'éviction.

Si, au contraire, on accorde au créancier l'action qu'il aurait eue contre le débiteur si la *datio in solutum* n'était pas intervenue, le créancier aura toujours le droit de demander le montant de l'obligation qui avait été payée par la dation en paiement. Ainsi, vous me deviez 100, j'ai accepté à la place votre esclave Stichus en paiement, quand bien même cet esclave vaudrait 150 au moment de l'éviction je ne pourrais vous réclamer que 100; et réciproquement si cet esclave avait diminué de valeur, je n'en aurais pas moins le droit de vous réclamer toujours la somme de 100.

La question présente un second intérêt, c'est qu'il est possible que dans ce rapport juridique, éteint par la *datio in solutum,* il y eût des sûretés accessoires. Si l'on décide que le créancier évincé rentre dans son ancienne action, puisque la dette n'a pas été éteinte, le créancier recouvre les sûretés accessoires qui la garantissaient. Si, au contraire, on ne donne au créancier évincé que l'action *utilis ex empto,* il est considéré comme un véritable acheteur; c'est donc que son ancienne dette est éteinte, et, avec elle, les garanties accessoires qui l'entouraient ont disparu.

Nous allons maintenant aborder la discussion des différentes doctrines qui ont été émises pour expliquer la divergence d'idées qui semble régner dans les textes. On ne compte pas moins de quatre systèmes.

Les uns donnent l'action *empti* ou l'action originaire suivant que la dette primitive, que voulait éteindre la *datio in solutum,* avait pour objet une somme d'argent, ou une chose autre qu'une somme d'argent.

Les autres voient dans la contradiction des textes une trace de la discussion entre Proculiens et Sabiniens sur la question de savoir si la *datio in solutum* éteint la dette *ipso jure* ou *exceptionis ope.*

Enfin dans une autre opinion on admet la coexistence des deux actions au profit du créancier évincé ; mais cette opinion se sépare alors en deux branches, les uns n'accordant au créancier que le choix entre ces deux actions, les autres admettant que le créancier a le cumul des deux actions.

1er Système. — Il a été soutenu par Cujas (1).

Cujas fait une distinction :

La dette primitive avait-elle pour objet une somme d'argent? En ce cas, les éléments de la

(1) Cujas. *Observations,* liv. XIX, ch. 38.

vente sont réunis : la chose offerte par le débiteur est achetée par le créancier pour une somme
égale au montant de sa créance, et la compensation pourra avoir lieu entre cette créance et sa
dette d'acheteur. Si le créancier est évincé, il
n'en continuera pas moins à être considéré
comme acheteur, et sa dette n'est pas pour cela
effacée, mais il aura l'action *ex empto* pour se
faire indemniser du préjudice que lui cause
cette éviction. Ainsi, l'ancienne dette est complètement éteinte, et si le débiteur peut être poursuivi, ce ne peut être que comme vendeur.

La dette ancienne avait-elle pour objet autre
chose que de l'argent? On ne peut plus dire
qu'il y a vente.

L'opération se rapproche de l'échange, ou
d'une manière plus générale d'un contrat in-
nomé : *do ut liberer*. Ici, l'extinction de la dette a
sa cause dans la prestation que j'ai faite; si le
créancier est évincé, la dation n'a été qu'appa-
rente, elle est complètement dénuée d'efficacité
et je continue à être tenu de mon ancienne dette.

Pour Cujas, Ulpien dans sa L. 24 *pr.* xiii, 7,
suppose que l'obligation avait pour objet une
somme d'argent ; le créancier a alors accepté
rem pro pecunia. Marcien, dans la L. 46 *pr.* xlvi, 3,
suppose que l'obligation à éteindre avait pour
objet une chose autre que de l'argent, le créancier a accepté *rem pro re*.

Cette explication est très ingénieuse, mais elle
ne cadre pas avec les textes. En effet, Marcien,
qui maintient l'ancienne obligation, ne nous dit

pas dans sa loi que l'obligation primitive avait
pour objet autre chose que de l'argent ; il nous
dit simplement : *si quis aliam rem pro alia volenti
solverit*. Ce qui peut aussi bien s'appliquer à
une dette d'argent qu'à toute autre.

L'autre fragment, laissant subsister l'ancienne
obligation, est la loi de Paul, qui me parait
ébranler davantage le système de Cujas. Il vise
l'hypothèse où un père promet une dot à sa fille
et pour sûreté de cette dot, hypothèque un bien.
Il est très probable que la dot promise par le
père à sa fille était une somme d'argent.

Si la distinction posée par Cujas était vraie,
on serait en droit de se demander comment il se
fait que les jurisconsultes romains ne l'aient pas
énoncée plus clairement dans leurs textes. Si
les Romains, qui ont généralement l'idée si
nette, si précise, avaient voulu soutenir cette
théorie, ils n'auraient pas procédé de la sorte
par sous-entendus, ils auraient franchement
émis leur opinion au grand jour, surtout quand
une question comme celle-ci soulève un grand
intérêt.

La distinction que fait Cujas est assez singu-
lière ; pourquoi cette différence de protection
suivant la nature de l'obligation primitive ? Cujas
donne au coéchangiste évincé de la chose qui
lui est donnée en échange, le droit de reprendre
celle qu'il a donnée, le contrat d'échange étant
censé résolu ; pourquoi ne décide-t-il pas de
même que le créancier qui est évincé de la chose
donnée en paiement, rentre dans son ancienne

créance avec les garanties qui l'accompagnaient? Il n'y a pas de raison pour traiter ce créancier plus mal que le coéchangiste. Ce créancier n'a reçu la chose en paiement qu'à la condition qu'il en serait le propriétaire irrévocable : il est évincé, il est alors de toute justice de faire revivre son ancienne action accompagnée de ses sûretés accessoires.

2ᵉ *Système.* — Ce système a été émis depuis la découverte des Instituts de Gaius. On a essayé de rattacher la divergence des textes, que nous avons donnés, à la controverse des Proculiens et des Sabiniens sur l'effet extinctif de la *datio in solutum.*

Pour les Sabiniens la *datio in solutum* se confond avec le paiement. On n'a pas à tenir compte de la circonstance que le créancier a accepté autre chose que ce qui lui était dû. Dès l'instant que le créancier a donné son consentement, les choses doivent se passer comme si le débiteur avait payé ce qu'il devait réellement. Dès lors peu importe que le créancier soit évincé de la chose même qui lui était due ou de celle qu'il a consenti à recevoir à la place. Dans les deux cas, la dette n'aura pas été éteinte, et le créancier conserve son action primitive. C'est ainsi que s'expliquent les décisions de Marcien et de Paul.

Les Proculiens, au contraire, regardent le débiteur qui offre au créancier de lui donner en paiement une chose au lieu et place de ce qu'il doit, comme offrant de faire une vente qui don-

nera lieu à une compensation. Pour les Prócu-
liens : *datio in solutum vicem venditionis obtinet.*

Mais, objecte-t-on, comment les Proculiens
peuvent-ils accorder ainsi l'action *ex empto*, alors
même que la dette primitive n'était pas une
somme d'argent? C'est contraire à leurs principes, puisqu'ils voulaient que le prix dans la
vente fût de l'argent monnayé.

Cette objection n'arrête pas les partisans de
ce système; ils regardent la *datio in solutum*
comme une vente, alors même que la créance
originaire, n'aurait pas pour objet une somme
d'argent; car, disent-ils, il sera très simple de
distinguer celui qui joue le rôle de vendeur de
celui qui joue le rôle d'acheteur : puisque c'est
le débiteur qui offre sa chose au créancier, c'est
donc lui qui est le vendeur. Nous sommes ici
dans un cas d'application du rescrit de l'empereur Gordien qui consacrait l'opinion de Sabinus
(L. 1 *Code* IV, 64). Si le créancier vient à être
évincé, il aura l'action *utilis ex empto*. S'il avait
la maladresse d'intenter son ancienne action, il
pourrait être repoussé par l'exception de dol,
car, lui dirait-on, vous êtes acheteur, et à ce
titre, vous devez une somme égale à ce que
vous demandez : puisqu'il y a compensation,
votre action est paralysée par l'exception de
dol.

Suivant les partisans de ce système, c'est
cette doctrine des Proculiens que Justinien
aurait dû suivre. On n'aurait pas alors mis les
textes de Marcien et de Paul au Digeste, et les

Instituts n'auraient pas mis la *datio in solutum*
sur le même pied que le paiement (1).

Tout en reconnaissant que cette doctrine est
très subtile, nous ne pouvons l'adopter pour les
raisons suivantes :

D'abord ce système roule en grande partie
sur la controverse des Sabiniens et des Proculiens; or, les textes sur lesquels nous raisonnons
sont de jurisconsultes qui existaient à une
époque où cette controverse avait complètement
cessé.

Le rescrit de Gordien, invoqué par ce système,
fait triompher la doctrine d'un Sabinien; il y a
donc de grandes probabilités pour qu'il n'ait
pas été adopté par les Proculiens; tout au
moins, rien ne nous montre qu'il en fut autrement.

En outre, comme le fait très bien remarquer
M. Labbé, il est logique que les Sabiniens ne
regardent pas comme éteinte l'obligation qui a
donné lieu à une dation en paiement de la chose
d'autrui. Mais on ne voit pas pourquoi les Proculiens n'auraient pas admis le même résultat.
Puisqu'ils n'admettaient pas que l'obligation fût
éteinte *ipso jure*, c'est donc qu'elle subsistait.
Et à plus forte raison devait-elle subsister quand
la *datio in solutum* avait été inefficace. Dès lors
on ne voit pas ce qui pourrait empêcher le
créancier d'exercer son ancienne action.

Nous citerons un dernier argument qui nous

(1) M. Demangeat. *Droit romain*, II, p. 425.

semble très concluant pour réfuter ce système.
La doctrine des Sabiniens avait triomphé en
matière de dation en paiement. C'est ce qui nous
est affirmé par un rescrit de Dioclétien (L. 17
Code vııı, 43). Ce succès de l'école sabinienne
dut avoir lieu à l'époque classique, lorsque
s'effacèrent les dissidences entre les deux écoles.
Or, si comme le veut ce système, l'action *utilis
ex empto* avait été une suite des idées procu-
liennes, elle aurait dû disparaître avec la chute de
cette doctrine. Il n'en est rien. Car des textes
postérieurs à cette réunion des deux écoles,
nous parlent de l'action *utilis ex empto* en matière
de *datio in solutum*, le rescrit d'Antonin Caracalla
en est un exemple (1).

Il nous reste à exposer deux doctrines qui
diffèrent totalement des deux précédentes ; elles
admettent la coexistence des deux actions. L'un
de ces systèmes donne au créancier évincé le
choix entre les droits principaux et accessoires
de l'obligation primitive, et une nouvelle action
en garantie (*utilis ex empto*) en réparation de
tout le préjudice qu'entraîne l'éviction. L'autre
système va plus loin ; il admet le cumul des deux
actions ; le créancier aurait : 1º son ancienne
action munie de tous ses accessoires ; 2º l'action
utilis ex empto, jusqu'à concurrence de la plus
forte des condamnations qu'elles peuvent entraîner.

3ᵉ Système. — Le créancier évincé a le choix

_____

(1) M. Labbé. (Op. cit.)

entre son action originaire et l'action *utilis ex emplo*. En effet, les textes qui donnent, les uns l'action originaire, les autres l'action *utilis ex emplo*, raisonnent sur une même hypothèse, celle d'une dation en paiement. C'est donc que dans le même cas les deux actions prennent naissance. Mais on ne pourra intenter que l'une de ces deux actions; il serait illogique d'admettre le cumul. Ce choix laissé au créancier ne doit pas paraître exorbitant, ceci se présente fréquemment en droit romain, on le retrouve dans les contrats innomés (1).

4° Système. — Le créancier évincé a l'ancienne action et l'action *utilis ex emplo;* il peut les cumuler jusqu'à concurrence de la plus forte des condamnations qu'elles peuvent produire. C'est à ce système que nous nous rallions.

Cette doctrine a pour elle la grande autorité de Pothier qui s'exprimait ainsi : « Observez qu'outre cette action *utilis ex emplo*, le créancier, en cas d'éviction de la chose qui lui a été donnée en paiement, a aussi l'action qui naît de sa créance, de laquelle le débiteur n'a pu être libéré que par un paiement qui se trouve inefficace. L. 98 *de Solut.* Mais l'action *utilis ex emplo* lui est souvent plus avantageuse, parce qu'elle comprend ses dommages-intérêts : *si quis supra intersit* » (2).

Ce système soulève de vives objections.

---

(1) Molitor. *Des obligations*, tome II, n° 980.
(2) Pothier. *Traité de la vente*, n° 604.

Il est, dit-on, contraire aux textes, car rien ne permet de croire que dans la pensée de Marcien, Paul et Ulpien, le créancier évincé eût deux moyens à sa disposition.

Nous nions que cette doctrine ne soit pas d'accord avec les textes. Ces lois ne disent pas que la première obligation soit éteinte; elles donnent au créancier de la chose donnée en paiement une action *utilis ex empto*, mais elles ne le privent pas pour cela de l'action de la première obligation, ces deux actions ne sont pas incompatibles; le créancier peut avoir l'une et l'autre. Il peut avoir l'action provenant de son obligation primitive, dans laquelle il rentre étant évincé de la chose; il peut encore avoir l'action utile de dommages-intérêts; car il doit être indemnisé s'il éprouve un préjudice, si par exemple il avait fait des impenses. Les textes, en disant que le créancier a l'action *utilis ex empto*, ne disent pas que l'action de la première obligation soit éteinte. Or pour qu'on puisse refuser au créancier l'action de son obligation primitive, il faudrait des dispositions expresses. Il n'y en a pas (1).

Comme nous l'avons déjà dit, il ne faut pas voir dans la *datio in solutum* deux actes distincts, une vente suivie de compensation. S'il en était ainsi, l'éviction toucherait la vente, tout en laissant subsister la compensation. Cette manière de voir ne nous semble pas exacte; dans la

(1) Renusson. *Traité de la subrogation*, ch. V, n° 29.

datio in solutum, il y a un fait unique, un mode d'extinction d'une obligation. Quand je reçois une chose en paiement, je n'entends pas l'acheter en la payant avec la créance qui m'est due; j'entends seulement rentrer d'une manière quelconque dans mon avance, je prends ce que le débiteur m'offre pour sauver en partie ma créance. Si je suis évincé de la chose qui m'est donnée en paiement, l'obligation subsiste, l'extinction n'a pas lieu. Car la dation en paiement n'avait pas pour but de faire une vente dont le prix se compenserait avec la dette préexistante, elle avait pour but d'éteindre directement la dette. Et lorsque les textes donnent au créancier l'action *ex empto,* ils ne la lui donnent qu'*utilitatis causa.* Il n'y a donc pas ici de vente. La dation en paiement n'est rapprochée de la vente que sous le rapport de la garantie.

Il en résulte que le créancier qui a été évincé de la chose donnée en paiement, rentre dans son ancienne action, puisque l'obligation n'a pas été éteinte, et a en outre une action en garantie *(utilis ex empto).*

Mais, dit-on, ceci est contraire à la logique; en effet, ou l'obligation primitive subsiste, et alors aucune opération nouvelle n'est intervenue d'une manière efficace, sinon elle aurait anéanti l'ancienne; ou il existe un acte nouveau, une sorte de vente, et l'ancienne obligation est éteinte. S'il n'y a pas paiement, il n'y a rien de fait. S'il y a une situation nouvelle de créée, c'est que le paiement est accompli.

Nous répondons que le créancier est armé de son ancienne action, puisqu'ayant été évincé de la chose donnée en paiement, l'obligation n'a pas pu être éteinte. Il a en outre droit à la garantie, qui existe dans tous les contrats à titre onéreux, et nous supposons, bien entendu, que la dation en paiement se rattachait à un de ces contrats. Le créancier pourra par cette action en garantie se faire rembourser les dépenses qu'il a faites sur la chose donnée en paiement, dépenses qu'il n'aurait pas pu se faire payer par l'action d'origine. Il serait inique de ne pas admettre la garantie en notre matière; le débiteur doit être tenu de l'imprudence ou du dol qu'il commet en donnant pour se libérer la chose d'autrui.

Mais, fait-on remarquer, en admettant que le créancier évincé ait deux actions, on ne voit pas pourquoi on lui aurait donné l'action *utilis ex empto;* il eût été préférable de lui accorder l'action *præscriptis verbis,* action plus large, s'appliquant mieux à une opération juridiquement innomée comme la *datio in solutum.*

On n'a pas donné d'action *præscriptis verbis,* dit très bien M. Labbé, parce qu'elle suppose une *res,* c'est-à-dire un avantage procuré par celui qui veut intenter cette action, et qui puisse servir de cause à cette action. Or, ici, la *res* fait défaut, puisque l'avantage causé par le créancier, qui est la libération, n'existe pas. Par suite de l'éviction, la dation en paiement n'a pas eu lieu et le créancier conserve ses droits.

Il fallait donc accorder au créancier une action découlant du seul consentement; c'est pour cela qu'on a pris l'action *ex empto,* qui a été étendue *utilitatis causa.*

Le rescrit de Dioclétien et Maximien (L. 8 *Code, de sent. et interl.* VII. 45) que nous avons donné plus haut, fournit une objection contre notre système. Ce rescrit prévoit deux hypothèses : celle d'une vente et celle d'une *datio in solutum,* et décide que s'il y a eu vente, le créancier évincé peut agir en indemnité par l'action *empti,* et s'il y a dation en paiement, qu'il peut agir en vertu de son action d'origine. Ainsi, disent nos adversaires, ce texte fait une démarcation bien nette entre la vente et la dation en paiement; il ne donne au créancier évincé qu'une seule action.

Cette objection n'est pas très sérieuse, car cette loi 8 n'a pas été écrite en vue de statuer sur une question de garantie; elle vise seulement une demande en rescision du jugement rendu en faveur de Theodora. L'empereur répond au créancier évincé, que le jugement ne peut pas être rescindé, mais qu'il ne sera pas pour cela dénué de toute espèce de recours, et il lui indique sommairement, à titre d'exemple, les droits qu'il a dans chaque hypothèse. Ce sera l'action *ex empto* dans le cas de vente et l'action originaire dans le cas de *datio in solutum.* Mais l'empereur ne dit pas qu'il n'aura que ces deux actions-là, il ne fait que montrer la principale action qu'il peut invoquer.

L'analogie avec l'hypothèse d'un rescrit de Gordien (L. 1 *Code, de rer. permut.* IV. 64) donne encore un argument contre notre doctrine. Ce texte est celui qui sert de fondement au système de Cujas, il est ainsi conçu : *Si cum patruus tuus venalem possessionem haberet, pater tuus pretii nomine (licet non taxata quantitate te) aliam possessionem dedit; idque quod comparavit, non injuria judicis, nec patris tui culpa evictum est, ad exemplum ex empto actionis non immeritò id quod tua interest, si in patris jura successisti, consequi desideras.*

At enim si cum venalis possessio non esset permutatio facta est, idque quod ab adversario præstitum est evictum est, quod datum est, si hoc elegeris, cum ratione restitui postulabis.

Analysons ce texte : votre oncle a mis un fonds en vente, votre père l'a acheté sans que le prix fût déterminé d'une façon précise, et il a donné un autre fonds en paiement. Le fonds que votre oncle avait vendu à votre père a été évincé, sans que ce soit par l'injustice du juge ou la faute de votre père. Si vous avez succédé aux droits de votre père, vous pourrez demander une action à l'instar de l'action *ex empto*. Mais si la chose de votre oncle n'avait pas été mise en vente, il y aurait eu là un échange et vous auriez le choix entre la *condictio ob causam* pour reprendre la chose donnée en contre-échange à votre père, ou l'action *præscriptis verbis* pour vous faire indemniser de l'éviction.

Ainsi en principe pour qu'il y ait vente, il faut

que le prix soit une somme d'argent. Par exception, ce texte décide que lorsqu'une personne a
bien l'intention de vendre une chose, qu'elle est
à la recherche d'un acheteur, que cette chose
est pour elle une chose vénale, et qu'un tiers
vient lui offrir comme prix une autre chose, il y
aura vente. Le vendeur sera celui qui avait une
chose vénale. L'acheteur aura une action *utilis
ex empto*. Et le texte se renfermant dans les
règles de la vente, n'accorde que cette action,
il n'en donne pas pour la résolution du contrat
ou pour la répétition de ce qui a été livré.

De même, dit-on, puisque, dans notre hypothèse, on emprunte l'action *utilis ex empto* à la
vente, pour être logique on devrait lui emprunter
aussi ses autres règles, par conséquent prohiber l'emploi d'autres actions. On ne devrait
pas permettre au créancier de se servir de son
action primitive.

Nous répondons que l'espèce prévue par le
texte est bien différente de la nôtre. Le rescrit
traite d'une opération qui est intervenue en vue
de l'avenir. Dans le cas visé par le rescrit, chacune des parties a eu l'intention de faire une
nouvelle acquisition, et les parties étaient suffisamment protégées par l'action *utilis ex empto*.
Dans notre hypothèse, au contraire, il s'agit
d'une opération intervenant pour régler le passé.
Les parties veulent éteindre une dette. On conçoit que si cette dette n'est pas anéantie, le but
qu'elles visaient n'est pas atteint; dès lors l'ancienne obligation doit revivre, car il ne faut pas

que le créancier, qui a eu confiance en son
débiteur, se voie dépouiller de ses sûretés accessoires.

Cette doctrine soulève une dernière objection;
on l'accuse d'être contraire à l'équité, car, dit-
on, il est incompréhensible que le débiteur,
surtout quand il est de bonne foi, soit à la merci
du créancier, qu'il coure toutes les mauvaises
chances sans en avoir une bonne pour lui. On
s'appuie, ajoute-t-on à tort, sur ce que pareil
fait se produit dans le cas d'échange où la
partie qui a donné la chose peut à son choix
intenter la *condictio ob rem dati re non secuta* ou
l'action *prescriptis verbis*. La situation est tout
autre qu'ici. Lorsque j'ai reçu une chose en
échange, c'est moi qui ai contracté l'obligation,
je dois l'exécuter; si je ne le fais pas, la loi sera
juste en donnant le droit au créancier de me
forcer à remplir mon obligation ou à rendre ce
que j'ai reçu.

Nous ne pensons pas que cette objection soit
fondée; notre système est au contraire en parfaite harmonie avec l'équité; pour le justifier
nous n'avons pas besoin de nous appuyer sur
l'exemple que l'on pourrait tirer de l'échange;
nous constatons simplement ceci : c'est que
même en supposant que le débiteur fût de
bonne foi, en donnant la chose d'autrui en paiement, il s'est mis dans son tort, il a tout au moins
été coupable de négligence. S'il doit provenir
quelque préjudice de cette fausse *datio in solutum*, c'est sur lui que cela doit retomber. Qu'on

ne dise pas que ce soit là une décision désastreuse pour le débiteur. Car, presque toujours,
le créancier consent à recevoir une dation en
paiement pour être agréable à son débiteur,
c'est en sa faveur qu'elle intervient. Or admettons un instant que le créancier, usant rigou-
reusement de son droit, ait refusé cette *datio
in solutum*, que serait-il arrivé? Le débiteur
aurait été poursuivi, forcé de vendre. Le nouvel
acquéreur aurait eu droit à la garantie de la
part du débiteur et se serait fait indemniser de
tout le préjudice qu'il pourrait éprouver. Pourquoi alors plus maltraiter le créancier qu'un
acheteur étranger? est-il moins digne d'intérêt
que lui?

Le droit romain est le droit où règne l'équité,
il semble donc très juste qu'il ait adopté cette
opinion qui n'est pas contredite par les textes.

§ 3. — Effets de la « datio in solutum » à l'égard des créanciers du débiteur

D'après le droit civil, la règle est que l'acte
même frauduleux, fait par un débiteur insolvable, est aussi obligatoire pour ses créanciers
que pour le débiteur lui-même; car le fait
d'avoir des dettes ne retire pas au débiteur le
pouvoir de disposer de ses biens. Mais le droit
prétorien est intervenu et a adouci les règles
du droit civil, en décidant qu'en présence de la
fraude du débiteur il y aurait exception au prin-

cipe que les créanciers d'un individu sont tenus de respecter les actes faits par leur débiteur; les créanciers fraudés seront armés de l'action Paulienne.

Nous avons alors à nous demander si la *datio in solutum* tombe sous le coup de cette action?

La question est très débattue.

Pour les auteurs qui assimilent la dation en paiement à la vente, il n'est pas douteux qu'il faut donner l'action Paulienne dans notre cas, ce qui du reste est une conséquence logique de leur système.

Mais pour ceux qui, comme nous, assimilent la *datio in solutum* au paiement, la question devient plus délicate. A première vue, il peut paraître juste de refuser cette action. En effet, le paiement d'une dette consenti par le *fraudator* à l'un de ses débiteurs, ou par le *fraudator* lui-même à l'un de ses créanciers, n'est pas exposé à être rescindé par la Paulienne (L. 6 § 7 *quæ in fraud. cred.*). Cette décision est très équitable, le paiement d'une dette n'est pas un acte comme un autre, la situation de débiteur et de créancier est une situation toute temporaire, l'un peut exiger son paiement, l'autre peut rembourser à l'encontre du créancier. Ainsi supposons que le *fraudator* ait dans son actif une créance, le débiteur aura le droit de la payer, il s'épargnera ainsi les frais d'une poursuite judiciaire de la part de son créancier; ce droit du débiteur de payer est regardé comme supérieur à celui que peuvent avoir les créanciers de son créancier de ne pas être frustrés. Si, au contraire, c'est le *fraudator* qui a une dette et qui l'a payée spontanément ou sur les poursuites de son créancier, il a fait un acte valable en payant, tout insolvable qu'il est. Le créancier payé n'a pas à restituer à ses cocréanciers ce qu'il a reçu; il n'a fait qu'user de son droit.

Les raisons que nous venons de donner pour justifier le refus de l'action Paulienne en cas de paiement, sont-elles aussi bonnes, aussi fortes, quand il s'agit de *datio in solutum?* Il est permis d'en douter, et nous sommes tentés de voir ici une différence avec le paiement. En effet, quand un débiteur paie sa dette, on n'a rien à craindre, il ne peut payer que ce qu'il doit. Quand, au contraire, il fait une *datio in solutum*, il faut se méfier, il peut y avoir fraude. Le débiteur peut dire au créancier : je vous dois 100, prenez mon cheval en paiement; et il peut parfaitement arriver que le cheval soit d'une valeur plus élevée que le montant de la dette. Il faut alors venir au secours des autres créanciers et leur donner l'action Paulienne. Ceci nous paraît très équitable et n'est pas en opposition avec les textes, puisque généralement l'action Paulienne est donnée contre tout acte frauduleux fait par le débiteur. Le paiement est donc une exception que nous ne devons pas étendre.

DROIT FRANÇAIS

CHAPITRE PREMIER

Nature juridique de la dation en paiement.

Les difficultés que nous avons rencontrées en droit romain au sujet de la nature juridique de la dation en paiement n'ont pas disparu en droit français.

Nous allons retrouver ici de nouvelles discussions, car les rédacteurs du Code ne se sont pas suffisamment expliqués sur notre matière et ont ainsi laissé place à la controverse. On a émis différentes opinions pour expliquer quelle était la nature juridique de la dation en paiement.

A en juger par le nombre de ses partisans (1),

---

(1) MM. Toullier, t. VII, n° 301. — Duranton, t. XII, n°⁵ 82-292. — Pont, *Petits contrats*, n°⁵ 399-400. — Marcadé, t. IV, n° 691. — Larombière, t. III sur art. 1243, n°⁵ 2 et suiv., sur art. 1273, n°⁵ 7 et suiv. — Aubry et Rau, § 324 et note 30. — Demolombe, t. XXVIII, n°⁵ 288 et suiv. — Baudry Lacantinerie, t. II, n° 984, t. III, n° 1469. — Jurisprudence : Arrêts du 19 juin 1817. — 18 janv. 1864. (Sir. 1819, 1, 35. — 1864, 2, 198).

la doctrine qui est le plus en faveur est celle qui voit dans la dation en paiement une nova-tion. Cette doctrine s'appuie sur des arguments de principe et sur des arguments de texte.

Voyons d'abord les arguments de principe.

Selon Marcadé, quand le créancier consent à recevoir en paiement une chose autre que celle qui lui est due, l'obligation primitive se trouve remplacée par une obligation nouvelle et diffé-rente; de sorte que l'obligation primitive s'éteint par la novation, pour faire place à une autre obligation qui s'éteindra par le paiement. Ainsi si je vous dois 5,000 francs, et que vous consentiez à accepter en paiement tel fonds de terre, ma première obligation de 5,000 francs est éteinte par la novation, et le fonds de terre que je vous donne à la place est le paiement de la seconde.

Et M. Pont, en analysant aussi la dation en paiement, y voit une convention préexistante, expresse ou tacite, par laquelle le créancier accepte de recevoir une chose au lieu d'une autre, et c'est cette convention, et nullement le paiement qui la suit, qui entraîne l'extinction de l'ancienne obligation. Il y a là, dit M. Pont, substitution d'une obligation à une autre, c'est-à-dire novation.

Il nous semble que les auteurs qui ont sou-tenu cette opinion ont confondu deux hypo-thèses différentes. Lorsqu'au lieu de tel objet, je m'engage à en fournir un autre au créancier, je contracte une nouvelle obligation, qui sup-pose qu'il s'écoulera un certain laps de temps

avant qu'elle soit exécutée, il y a alors novation. Mais quand je demande à mon créancier
de m'autoriser à lui donner en paiement une
chose autre que celle qui lui est due, je ne
contracte pas d'obligation nouvelle, je reçois
simplement la *permission* de payer une chose
autre que celle que je dois.

La distinction que nous faisons a un grand
intérêt. Pour mieux la mettre en lumière nous
allons nous placer dans l'hypothèse d'une dot
constituée dans un contrat de mariage.

Si, par exemple, un tiers a constitué une
dot, stipulée payable en argent, et qu'il donne
un immeuble en paiement, il n'y aura pas là un
changement aux conventions matrimoniales,
c'est un simple mode de paiement, une pure
transformation des deniers dus en immeuble,
transformation qui aurait pu s'opérer durant
le mariage sans tomber sous la prohibition de
l'art. 1595 ; elle pouvait donc très bien se faire
avant sa célébration, sans être régie pour cela
par l'article 1396. La dot exigible en numéraire
et payée en un immeuble, reste toujours une dot
de somme d'argent.

Il y aurait, au contraire, dérogation aux conventions matrimoniales, si l'auteur de la promesse de dot payable en argent s'était entendu
avec l'époux à qui cette promesse avait été faite,
pour qu'une donation d'immeuble fût substi-
tuée à la donation des deniers promis ; au lieu
d'une simple dation en paiement, il y aurait eu
novation. Cette novation aurait fait disparaître

la première convention matrimoniale pour la remplacer par une autre ; il y aurait alors un changement aux stipulations du contrat de mariage, changement qui, s'il était survenu avant la célébration du mariage, aurait été soumis aux formes du contrat, et qui serait prohibé s'il avait été fait durant le mariage. Car la stipulation a été complètement changée, la libéralité est devenue non pas seulement dans son mode d'exécution, mais aussi en elle-même, une donation d'immeuble, et qui sera régie par les règles des donations immobilières.

Et si le donataire d'une somme d'argent à qui le donateur, par suite d'une novation, a donné un immeuble pour lui tenir lieu de cette somme, vient à hériter de son donateur, il sera considéré comme un donataire d'immeuble et tenu de faire le rapport d'après les règles fixées pour le rapport des immeubles. Si au contraire, l'immeuble avait seulement été donné en paiement de la somme d'argent, la donation, ne perdant pas son caractère de donation mobilière, resterait soumise aux règles concernant le rapport des meubles.

Ainsi la novation et la dation en paiement sont deux opérations distinctes et entraînant des conséquences différentes. Quand je fais une dation en paiement, je n'entends pas contracter une nouvelle obligation, mais acquitter une ancienne dette ; vouloir quand même qu'il y ait là novation, c'est aller à l'encontre de la volonté des parties, qui n'ont pas eu du tout l'intention de nover, c'est par cela même violer l'article 1273 qui décide *que la novation ne se présume pas, qu'il faut que la volonté de l'opérer résulte clairement de l'acte.*

Cette doctrine, nous l'avons dit, invoque aussi un argument de texte. MM. Aubry et Rau (1) trouvent que l'article 1281, combiné avec l'article 2038, fournit un argument irréfutable en faveur de leur opinion. Et ces auteurs considèrent que ceux qui se sont prononcés en sens contraire ont totalement perdu de vue l'article 2038, et qu'aucun d'eux n'a cherché à réfuter l'argument décisif qu'il fournit. Ces deux articles sont ainsi conçus :

Art. 1281. *La novation opérée à l'égard du débiteur principal libère les cautions.*

Art. 2038. *L'acceptation volontaire que le créancier a faite d'un immeuble ou d'un effet quelconque en paiement de la dette principale, décharge la caution, encore que le créancier vienne à en être évincé.*

Ainsi, dans les deux cas, les cautions sont libérées, les deux opérations juridiques produisent les mêmes effets, elles sont donc identiques.

Nous allons essayer de réfuter ces assertions.

MM. Aubry et Rau posent ce principe que la caution étant libérée, quand il y a eu dation en paiement, c'est qu'il y a eu novation et que la novation peut seule produire cet effet. C'est

---

(1) MM. Aubry et Rau, § 292, note 4.

aller un peu loin. Certainement la caution est libérée lorsqu'il y a eu dation en paiement, comme lorsqu'il y a eu novation; il y a là deux effets identiques, mais ces deux effets ne sont pas produits par la même cause.

Lorsqu'il y a novation, la caution est libérée, parce que l'ancienne dette est complètement éteinte; dès lors la dette principale n'existant plus, la dette accessoire de la caution suit le même sort. Lorsqu'il y a dation en paiement, la caution est libérée, non pas parce que l'obligation est éteinte, puisque le créancier est évincé de la chose donnée en paiement et que l'ancienne dette subsiste, mais la caution est libérée pour une raison d'équité, raison que nous retrouvons dans Pothier au n° 406, 4°, de son Traité des obligations, n° 406 qui est précisément l'origine de notre article 2038. Lorsque le créancier, nous dit Pothier, a reçu volontairement du débiteur quelque héritage en paiement d'une somme d'argent qui lui est due, la caution est déchargée, quoique longtemps après il souffre éviction de cet héritage. Car la caution ne doit pas souffrir préjudice de l'arrangement qui est intervenu entre le créancier et le débiteur principal; jusqu'au jour de l'éviction elle a eu juste sujet de croire la dette acquittée.

Les articles 1281 et 2038 ne dérivent donc pas de la même cause; l'article 2038 n'a pas été fait parce qu'il impliquait une idée de novation, il a simplement été rendu pour une raison d'équité. L'argumentation de MM. Aubry et Rau ne nous paraît pas alors bien fondée; elle montre simplement que sur un certain point, la dation en paiement aura les mêmes effets que la novation, elle ne prouve rien de plus.

Nous pensons même que cette argumentation n'est pas conforme à l'esprit des rédacteurs du Code; car si nos législateurs avaient assimilé la dation en paiement à la novation, il eût été complètement inutile d'écrire l'article 2038. Pourquoi nous dire que si le créancier a accepté volontairement un immeuble ou un effet quelconque en paiement de la dette principale, la caution est déchargée encore que le créancier vienne à être évincé, puisque l'article 1281 nous dit en toutes lettres *la novation opérée à l'égard du débiteur principal libère les cautions?* Si ce système était vrai, la dation en paiement étant une novation, il suffisait de l'article 1281 pour la régir. Est-il probable que si telle avait été l'opinion des rédacteurs du Code, ils se fussent exposés à une pareille répétition? Nous ne le croyons pas.

Il y a une autre manière de concevoir la nature juridique de la dation en paiement. Des auteurs d'un grand mérite la regardent comme une variété de la vente, puisque le Code, dans l'article 1595, présente comme exception à la règle qui défend les ventes entre époux, l'autorisation de faire, dans certains cas, des dations en paiement (1). En effet, lorsqu'on analyse la

(1) MM. Troplong. *Commentaire de la vente*, nos 7 et suiv. — Laurent, t. XXIV, n° 151. — Colmet de Santerre. t. V. n° 182 bis II.

dation en paiement, on voit qu'elle renferme une vente. Le créancier consent à recevoir un immeuble au lieu de 50,000 francs. L'opération peut se décomposer de la manière suivante : 1° celui qui est créancier de 50,000 francs achète pour 50,000 francs l'immeuble de son débiteur ; 2° par suite de cet achat, l'ancien créancier est devenu débiteur de son débiteur, il s'opère alors entre les deux dettes une compensation.

Notons d'abord que nos législateurs ont commis une légère erreur en qualifiant de ventes les trois exceptions apportées par l'article 1595 à la défense de la vente entre époux, nous sommes ici en présence de dations en paiement et non pas de ventes.

De ce que les trois exceptions de l'article 1595 ont été placées au titre de la vente, faut-il nécessairement en conclure que les deux opérations juridiques ont été mises sur le même pied ? Il est permis d'en douter. Les rédacteurs du Code ont fait là un simple rapprochement ; ils traitaient des personnes qui ne peuvent pas vendre, ils posent alors le principe que la vente entre époux est prohibée ; mais voyant une opération qui, sans aucun doute, avait de grandes analogies avec la vente, ils ont été amenés à en parler à cet endroit. Il y a là un enchaînement naturel des idées, c'était la place marquée pour traiter de la dation en paiement entre époux. Mais ce seul rapprochement est insuffisant pour prouver que la dation en paiement est identique à la vente.

Cette décomposition de la dation en paiement
en vente suivie de compensation, ne nous semble pas une idée juste. Cette opération suppo-
serait non pas un seul fait juridique, mais deux
faits distincts. D'une part la nouvelle convention
de vente, et d'autre part l'extinction de la
première dette par la compensation. La dation
en paiement ne suppose pas deux faits juridiques, elle n'en suppose qu'un : la tradition que
le débiteur fait au créancier de la chose qu'il lui
donne à la place de ce qu'il doit, et que précisément il ne lui paie pas.

La dation en paiement et la vente sont deux
opérations juridiques qui sont loin de se confondre ; nous relevons, au contraire, entre elles,
une assez grande différence : si je vous ai vendu
moyennant 50,000 francs mon immeuble, en stipulant que cette créance se compenserait avec
ce que je vous dois, et que je ne vous doive rien,
que se passera-t-il ? Pourrai-je vous redemander la chose que je vous ai vendue ? Non. Le
contrat n'en subsiste pas moins ; seulement
comme il n'a pas pu y avoir de compensation,
puisque je ne vous devais rien, vous restez mon
débiteur du prix, j'aurai donc contre vous l'action dérivant de la vente en paiement du prix.
Si, au contraire, je vous ai donné mon immeuble en paiement d'une somme que je croyais
vous devoir, alors que je ne vous devais rien, j'ai
fait un paiement indu, et j'aurai l'action en répétition de l'indu pour recouvrer la chose que je
vous ai donnée en paiement. Et voici l'intérêt

7

pratique de la question. S'il y avait eu vente suivie de compensation, l'action dérivant de la vente en paiement du prix serait garantie par un privilège. Lorsque, au contraire, il y a eu dation en paiement, l'action en répétition de l'indu n'est munie d'aucun privilège.

Mais si la dation en paiement n'est ni une novation, ni une vente, quelle est sa nature juridique?

La question est embarrassante, et ce qui augmente beaucoup la difficulté, c'est que la dation en paiement emprunte les caractères de plusieurs opérations juridiques. Aussi conçoit-on que l'on soit très facilement amené à l'assimiler à l'une d'elles. Il y a là une question de nuances. Ainsi il est incontestable qu'elle a de grandes analogies avec la novation; les auteurs qui les mettent sur le même pied n'ont vu que les traits de ressemblance, nous croyons cependant avoir montré qu'on ne pouvait les confondre.

Même chose est arrivée pour ceux qui la regardent comme une vente. Toutefois, nous avouons que cette théorie nous paraît mieux fondée que la précédente; mais elle n'arrive pas encore, d'après nous, à donner le véritable caractère de la dation en paiement. Nous avons en effet noté les différences qui la séparent de la vente, et qui empêchent de les mettre sur le même rang. C'est du reste ce que reconnaît M. Colmet de Santerre (1) lorsqu'après avoir

(1) M. Colmet de Santerre, t. 7, n° 18 bis.

dit que la dation en paiement se décompose en
une vente suivie de compensation, il ajoute :
« Il ne faudrait pas abuser de notre observation. Elle tend à montrer par quels côtés la
dation en paiement se rapproche de la vente,
mais il faut bien retenir qu'elle a son unité; que,
quant à ses effets de droit, elle ne peut pas se
décomposer en une vente et une compensation,
et c'est pour cela que l'inexistence de la dette
ne rendrait pas nulle la compensation seulement, mais la vente elle-même, c'est-à-dire,
l'opération tout entière. »

Nous pensons échapper aux objections que
présentent les deux doctrines que nous avons
exposées, en assimilant la dation en paiement
au paiement. Pour nous, la dation en paiement
a conservé, en droit français, le caractère que
nous lui avions donné en droit romain, elle est
un mode d'extinction des obligations présentant
la plus grande analogie avec le paiement. Lorsque les parties font une dation en paiement,
elles n'ont pas l'intention de créer une nouvelle
obligation comme elles le feraient s'il y avait
novation ou vente, elles veulent éteindre purement et simplement une dette. Le créancier
autorise le débiteur à lui donner autre chose
que ce qui lui est dû, pour tirer quelque profit
de sa créance; le débiteur de son côté se libère
dans de meilleures conditions, mais les choses
se passent comme si le créancier avait réellement reçu ce qui lui était dû.

Cette opinion n'est pas en opposition avec les

textes, car ne voyons-nous pas l'article 1243 figu-
rer au titre de l'extinction des obligations, dans
la section consacrée au paiement? Article ainsi
conçu : *Le créancier ne peut être contraint de recevoir une autre chose que celle qui lui est due, quoique la valeur de la chose offerte soit égale ou même plus grande.* N'est-ce pas dire implicitement
que le créancier a le droit de renoncer à ce
bénéfice établi en sa faveur, qu'il peut recevoir
une dation en paiement ? Si les rédacteurs du
Code ont ainsi mentionné la dation en paiement,
dans la section du paiement, c'est qu'ils ont
été frappés de l'analogie entre ces deux opérations. N'est-ce pas là cette règle du droit
romain, sous une forme moins précise, mais
au fond la même : *Tollitur autem omnis obligatio solutione ejus quod debetur, vel si quis
consentiente creditore aliud pro alio solverit ?*

La dation en paiement ainsi entendue, on explique très bien les dispositions de l'article 1595.
Si le Code autorise dans trois cas les dations en
paiement entre époux, lorsqu'il prohibe la vente,
c'est parce que la dation en paiement étant
analogue au paiement, est moins dangereuse,
elle ne présente pas les occasions de spéculation
que pourrait cacher une vente entre époux ; on
ne paye que ce qu'on doit. L'opinion que nous
émettons ne peut pas être taxée de paradoxale,
elle est conforme à l'esprit des rédacteurs du
Code, car si on se reporte à l'exposé des motifs (1)

(1) Fenet, t. XIV, p. 116.

donnés par Portalis sur notre article, on voit qu'il se termine ainsi : « Les circonstances dans lesquelles il est permis entre époux de vendre et d'acheter, sont celles où le contrat a moins le caractère d'une vente proprement dite que celui d'un *paiement forcé* et d'un acte d'administration. »

Nous continuerons donc à appliquer en principe à la dation en paiement les règles du paiement, comme nous l'avons fait en droit romain.

CHAPITRE II

Conditions de validité de la dation en paiement.

A. — *Qui peut faire une dation en paiement?*

D'abord le *débiteur*. Lorsque c'est lui qui fait la dation en paiement, la dette est complètement éteinte avec tous ses accessoires, cautionnements, gages, hypothèques ou privilèges.

La dation en paiement peut encore être faite par un *tiers intéressé à payer*, par exemple : par un codébiteur solidaire, par une caution, afin d'échapper aux poursuites du créancier, par un tiers détenteur d'un immeuble hypothéqué, afin de rester en possession de l'immeuble. Ce tiers intéressé qui fait ainsi une dation en paiement est de plein droit subrogé aux droits du créancier originaire. Il aura ainsi deux voies de recours pour rentrer dans ce qu'il a déboursé : 1º une action qui est née dans sa personne, l'action de mandat ou de gestion d'affaires ; 2º l'action du créancier désintéressé, accompagnée de toutes les garanties qui pouvaient l'entourer. Mais comme ces deux actions visent au même but, à faire rentrer le tiers subrogé dans ce qu'il a déboursé, aussitôt qu'il a été désintéressé en intentant l'une, il cesse de pouvoir exercer l'autre.

Enfin la dation en paiement peut être faite par une *personne non intéressée*, par exemple, par un ami du débiteur, pour arracher celui-ci aux rigueurs d'un créancier exigeant.

Cette dation en paiement faite par une personne non intéressée, n'emporte pas subrogation légale. Mais à défaut de subrogation légale, ce tiers peut aspirer à la subrogation *conventionnelle*; le créancier pourrait la refuser, mais en notre cas ceci se présentera rarement, car le créancier, qui accepte une chose autre que celle qui lui est due, fait déjà preuve d'une certaine bienveillance, d'un certain désir de conciliation; il ne s'en tiendra pas là et accordera la subrogation.

En admettant que le tiers non intéressé qui a fait la dation en paiement, n'ait pas été subrogé aux droits du créancier, lui accordera-t-on une action pour se faire indemniser de ce qu'il a déboursé, et si on lui en accorde une, quelle sera-t-elle?

Il est nécessaire de distinguer deux hypothèses.

1er Cas. — Le tiers a fait une dation en paiement, malgré la volonté contraire du débiteur, qui n'avait pas d'intérêt à ce que sa dette fût éteinte. Nous supposons ici que le tiers a agi dans son intérêt personnel, il a voulu faire un bon placement. Le créancier ayant consenti à accepter une chose autre que celle qui lui est due, les choses se passent comme s'il y avait eu un véritable paiement, la créance est éteinte, le débiteur est libéré. Mais le tiers aura-t-il un recours contre le débiteur? S'il en a un, dans quelles limites? Il n'est pas douteux qu'il ait un recours, autrement le débiteur s'enrichirait à ses dépens, car on ne peut pas penser qu'il ait eu l'intention de faire une libéralité, les donations ne se présument pas, et ne peuvent pas se faire sans le concours de la volonté du donataire. Seulement ce tiers qui a fait la dation en paiement n'aura d'action contre le débiteur qu'autant que cette dation lui aura été utile, et dans la mesure de l'utilité qu'il en aura retirée.

2ᵐᵉ *Cas.* — Quoique la dation en paiement ne soit pas intervenue *animo donandi*, elle a cependant été faite dans de bonnes intentions, pour prévenir ou entraver des poursuites. Ceci peut se présenter lorsque, par suite d'un refus ridicule, le débiteur préfère se laisser exproprier plutôt que de souffrir qu'un ami vienne à son secours. En ce cas, quoique la dation en paiement ait été faite contrairement à la volonté du débiteur, il n'y en a pas moins eu de la part du tiers un acte juste, utile, une véritable gestion d'affaires. Ce tiers aura alors l'action *negotiorum gestorum*.

Conditions requises dans la personne de celui qui fait la dation en paiement.

Deux conditions sont exigées :

1° Il faut être propriétaire de la chose donnée en paiement.

2° Être capable de l'aliéner (art. 1238).

1re Condition. — Celui qui fait la dation en paiement doit être propriétaire de la chose donnée en paiement.

Si je vous ai donné en paiement une chose dont je ne suis pas propriétaire, la dette n'est pas éteinte, car la chose ne m'appartenant pas, je n'ai pas pu vous en transférer la propriété, je n'ai donc pas rempli mon obligation.

Et dans notre hypothèse, la nullité de la dation en paiement pourra être invoquée, soit par le créancier, soit par le débiteur.

Que la nullité puisse être invoquée par le créancier, ceci ne souffre pas de difficultés. Le créancier sera en droit de réclamer un nouveau paiement, puisque la dation qu'il a reçue n'est pas libératoire; le débiteur continue donc à être tenu.

Mais le créancier qui réclame une seconde dation en paiement devrait rendre la chose qui lui a été livrée, elle est sans cause entre ses mains, puisqu'il prétend que la dation en paiement, en vertu de laquelle il l'a reçue, est nulle. Il est donc à son tour débiteur de cette chose envers son débiteur, et comme c'est une dette de corps certain, nous appliquerons l'art. 1302; si cette chose vient à périr par cas fortuit, le créancier sera libéré, il ne sera plus tenu de la rendre, et il n'en continuera pas moins à pouvoir récla-

mer un nouveau paiement. Les risques sont
donc à la charge du débiteur qui a fait une
dation en paiement nulle.

Le créancier aurait-il le droit de réclamer une
nouvelle dation en paiement, en offrant de restituer la chose qui lui a été payée, s'il était à
même de repousser la revendication du propriétaire, en lui opposant la prescription de l'art. 2265,
ou la maxime : *en fait de meubles, la possession
vaut titre?*

Ainsi vous me devez 500 francs ; à la place, vous
me donnez en paiement un cheval qui ne vous
appartient pas ; je n'ai pas à redouter d'être
évincé, car je puis invoquer la maxime : *en fait
de meubles, possession vaut titre.* Pourrais-je
néanmoins demander la nullité de cette dation
en paiement et en exiger une nouvelle? Certaines personnes refusent ce droit au créancier,
parce qu'il n'a plus à redouter d'éviction ; dès
lors il n'a plus d'intérêt à demander la nullité
de la dation en paiement, et sans intérêt, pas
d'action.

Nous pensons, au contraire, que le créancier
pourrait demander la nullité de cette dation en
paiement. Sans doute, le créancier peut conserver la chose qui lui a été donnée en paiement,
mais pour cela il est tenu d'invoquer la prescription. Or, il peut lui répugner de conserver une
chose qu'il sait appartenir à autrui ; pourquoi le
forcer à invoquer cette prescription? C'est
vouloir tourner contre lui un droit qui a été
établi en sa faveur ; c'est violer la disposition de

l'art. 2220 qui permet de renoncer, même tacitement, à une prescription acquise.

Nous avons dit que le débiteur pourrait aussi
invoquer la nullité de la dation en paiement. Il
pourrait répéter la chose qu'il a donnée en paiement, à condition d'en offrir une autre à la place.

A ne consulter que les principes généraux du
droit, cette décision paraîtrait inadmissible.
Comment admettre que le débiteur puisse répéter la chose donnée en paiement? Il ne peut pas
en évincer le créancier, puisqu'il est garant de
l'éviction : *quem de evictione tenet actio eumdem
agentem repellit exceptio.*

Le Code a dérogé ici à la règle générale.
L'alinéa 2 de l'art. 1238, en refusant au débiteur
l'action en répétition dans le cas particulier où
la chose a été consommée de bonne foi par le
créancier, laisse voir qu'il peut l'exercer dans
les autres cas. Cette disposition a été édictée par
l'intérêt considérable qu'avait le débiteur à répéter la chose qu'il avait donnée en paiement. Si
on avait refusé ce droit au débiteur, il n'aurait
pas pu donner satisfaction au propriétaire, quand
celui-ci lui aurait revendiqué sa chose, il eût
alors été condamné à des dommages-intérêts.

D'un autre côté, le créancier n'a pas grand
avantage à éviter l'action en répétition, puisque
le débiteur lui offre à la place une chose d'égale
valeur. Et si on ajoute que tant que la prescription n'est pas accomplie, le créancier a le
droit d'invoquer la nullité de la dation en paiement, laissant ainsi pendant longtemps le débi-

teur sous le coup de se voir intenter cette action, on trouve alors qu'il est très équitable de lui avoir accordé le droit d'invoquer lui-même la nullité.

Mais le débiteur perd le droit de répéter la chose d'autrui qu'il a donnée en paiement, lorsque le créancier a consommé la chose de bonne foi (art. 1238). Il n'aurait d'ailleurs aucun avantage à faire la répétition, puisque la chose étant consommée, il ne pourrait pas fournir la chose elle-même au propriétaire, et que d'un autre côté il devrait faire à son créancier un paiement équivalent.

Examinons maintenant les effets de la dation en paiement effectuée avec une chose appartenant à autrui, à l'égard du propriétaire de la chose donnée en paiement. La dation en paiement qu'un tiers a faite avec ma chose est pour moi *res inter alios acta*; je n'en conserve pas moins la propriété de ma chose; il serait inadmissible que ce qui m'appartient puisse être transféré à une autre personne sans mon fait. Puisque je suis resté propriétaire, je puis revendiquer. J'aurai d'abord une action en dommages-intérêts contre le débiteur; quoiqu'il ait cessé de posséder, il n'en continue pas moins à être tenu envers moi, car s'il ne possède plus, c'est par sa faute, c'était à lui à ne pas donner ma chose en paiement. J'aurai aussi le droit de revendiquer contre le créancier, en sa qualité de détenteur de ma chose. S'il s'agit d'un meuble, le créancier pourra repousser mon action, s'il se trouve dans les conditions voulues pour pouvoir invoquer la maxime « en fait de meubles la possession vaut titre » (art. 2279); s'il s'agit d'un immeuble, le créancier ne pourra paralyser mon action que s'il est en mesure de se prévaloir de la prescription de 10 à 20 ans, ou de 30 ans, suivant les cas.

2me *Condition.* — *Il faut que celui qui fait la dation en paiement soit capable d'aliéner.*

La dation en paiement faite par un incapable est frappée de nullité, mais l'incapable peut seul se prévaloir de cette nullité, provenant de son incapacité, le créancier n'aurait pas ce droit (art. 1125).

Ainsi, la dation en paiement faite par une personne qui n'était pas propriétaire de la chose donnée en paiement, n'est pas valable à l'encontre du créancier, celui-ci peut en demander la nullité; au contraire, le créancier est tenu de subir la dation en paiement lorsqu'elle a été faite par une personne qui était propriétaire de la chose donnée en paiement, mais qui n'était pas capable de l'aliéner. Ceci entraîne, au point de vue des risques de la chose donnée en paiement, une différence marquée entre les deux cas. Dans le premier cas, si la chose donnée en paiement périt par cas fortuit, elle périt pour le débiteur qui continue à être obligé d'en fournir une autre. En effet, puisque le paiement n'est pas valable, la dette subsiste toujours. Dans le second cas, au contraire, la chose périt pour le compte du créancier. Car pour pouvoir obtenir une autre chose à la place de celle qui a péri, le créancier devrait soutenir que la dation en paiement était nulle; il ne le peut pas, puisque la nullité a été introduite en faveur de l'incapable, et que lui seul peut l'invoquer, chose qu'il se gardera bien de faire, puisque ce serait pour lui s'exposer à payer une seconde fois.

Parmi les diverses classes de personnes incapables de faire des dations en paiement, il y en a une qui doit attirer notre attention d'une manière toute spéciale, nous voulons parler des époux, qui sauf exceptions, ne peuvent pas se faire de dations en paiement durant le mariage (art. 1595). La loi emploie le mot *vente,* mais, comme nous l'avons déjà fait remarquer, elle s'est trompée, il s'agit ici de *dations en paiement.*

Le droit romain permettait aux époux de faire ensemble, durant le mariage, tous les contrats qu'ils jugeraient convenable de faire, à condition qu'ils ne continssent aucun avantage fait à l'un deux, aux dépens de l'autre, et que l'égalité y fût toujours strictement observée. On ne regardait pas la vente faite par l'un des époux à l'autre, même à vil prix, comme un avantage indirect, lorsque la vente n'avait été ainsi faite que faute d'acquéreur offrant un prix plus élevé (1).

Notre ancien droit s'est montré plus attentif à prévenir tous les avantages indirects que des

(1) Pothier. *Donations entre mari et femme,* n° 78.

époux pourraient se faire entre eux, au moyen des divers contrats qui interviennent entre époux durant le mariage. On avait poussé si loin la crainte que l'un des époux ne pût tirer quelque profit en masquant quelqu'avantage indirect sous le voile d'un contrat, que l'on avait défendu entre conjoints toute espèce de convention où les époux pourraient se faire une libéralité indirecte.

Ainsi la coutume de Normandie (art. 410) décidait : « Gens mariés ne se peuvent céder, donner ou transporter l'un à l'autre quelque chose que ce soit, ni faire contrats, ni concessions par lesquels les biens de l'un viennent à l'autre, en tout ou en partie, directement ou indirectement. »

La coutume de Nivernais, dans le chap. 23, art. 27, disait aussi : « Gens mariés constant leur mariage, ne peuvent contracter au profit de l'un de l'autre. »

La coutume de Bourbonnais (art. 226) était dans le même sens.

Pothier était d'avis que la disposition de ces Coutumes s'appliquait aussi à celles qui ne s'en étaient pas expliquées; aussi Dumoulin, sur l'art. 256, coutume de Paris nº 5, posait-il comme maxime que des conjoints par mariage ne peuvent, pendant leur mariage, faire aucun contrat entre eux sans nécessité, pas même un contrat d'échange : « *Nullum contractum, etiam reciprocum, facere possunt, nisi ex necessitate, nec etiam permutare possunt.* »

Notre ancienne jurisprudence avait été trop
sévère. La défense qu'elle faisait aux époux de
contracter entre eux était trop radicale; les
époux, pour être mariés, n'en forment pas
moins deux personnes distinctes, qui ont aussi
des intérêts différents. Ces dispositions, qui
avaient été prises dans l'intérêt des époux, se
retournaient quelquefois contre eux.

Le Code civil s'est montré moins rigoureux;
ainsi il défendra, en principe, aux époux de se
faire des ventes, durant le mariage, mais dans
certains cas il fera fléchir la règle, en présence
de l'utilité que pourront en retirer les parties.

L'article 1595 est ainsi conçu : « *Le contrat
de vente ne peut avoir lieu entre époux que dans
les trois cas suivants : 1° Celui où l'un des deux
époux cède des biens à l'autre, séparé judiciairement d'avec lui, en paiement de ses droits; 2° Celui où la cession que le mari fait à sa femme,
même non séparée, a une cause légitime, telle que
le remploi de ses immeubles aliénés, ou de deniers
à elle appartenant, si ces immeubles ou deniers
ne tombent pas en communauté; 3° Celui où la
femme cède des biens à son mari en paiement
d'une somme qu'elle aurait promise en dot, et
lorsqu'il y a exclusion de communauté. — Sauf,
dans ces trois cas, les droits des héritiers des parties contractantes, s'il y a avantage indirect.* »

En principe, la vente demeure donc abolie et
cela pour trois motifs : 1° On redoute l'abus
que le mari pourrait faire de son autorité, et l'influence que la femme sait prendre par les

doucès affections qu'elle inspire (1). Entre personnes si intimement unies, on a craint que la vente ne masquât presque toujours une libéralité. 2° Le Code autorise bien les donations entre époux dans la limite de la quotité disponible, mais elles sont révocables. L'art. 1595, en prohibant la vente entre époux, s'accorde avec ces dispositions; autrement rien n'eût été plus facile aux époux que de dépasser la quotité disponible en déguisant les libéralités sous forme de vente, et en les rendant ainsi irrévocables. 3° La loi a visé encore un autre genre de fraude, elle a empêché que l'un des époux puisse simuler une vente de ses biens à son conjoint, afin de les arracher à l'action de ses créanciers.

Dans les trois cas où la vente entre époux est permise, il y a ce caractère particulier que tous les trois supposent que l'époux vendeur est débiteur, et qu'il donne un bien à son conjoint créancier, dans le but d'éteindre sa dette. A quoi bon contraindre en pareil cas l'époux débiteur à vendre son bien à un étranger, afin de se procurer la somme d'argent nécessaire pour se libérer? Il est bien plus simple de lui permettre de donner en paiement un ou plusieurs de ses biens. L'époux aliénateur continue de jouir de ce bien qu'il a ainsi cédé, et il garde l'espérance de le voir un jour passer entre les mains des enfants communs. Cette dation en

(1) Portalis. *Exposé des motifs*, n° 75 (Locré, t. VII, p. 72).

paiement, qui intervient pour éteindre une dette préexistante, s'explique d'elle-même, et fait rejeter tout soupçon de fraude.

L'art. 1595, dans les cas où il autorise la dation en paiement entre époux, ne distingue pas entre les meubles et les immeubles. Le mari pourrait donc, durant le mariage et avant que la séparation de biens ait été prononcée, donner en paiement à sa femme, pour la remplir de ses reprises, soit des meubles à lui propres, soit même du mobilier tombé dans la communauté. Une telle dation produirait cet effet que la propriété *in specie* des meubles vendus aurait été transférée à la femme. Les créanciers personnels du mari ne pourraient pas saisir ces meubles.

Nous allons examiner séparément les trois cas de dations en paiement autorisés par l'article 1595.

1er CAS. — « *Celui où l'un des époux cède des biens à l'autre, séparé judiciairement d'avec lui, en paiement de ses droits.* »

Cette première exception s'applique, que ce soit le mari qui fasse une dation en paiement à sa femme ou la femme à son mari ; cette exception est commune aux deux époux, chacun pouvant être créancier de l'autre ; dans la pratique, ce sera généralement la femme qui sera créancière de son mari. Peu importe aussi le régime sous lequel les époux sont mariés, qu'ils soient mariés en communauté, ou sous l'exclusion de communauté, ou sous le régime dotal, la loi ne distingue pas : dès l'instant qu'il y a eu jugement de séparation, que par suite de la liquidation, l'un des époux est débiteur de l'autre, celui-ci peut recevoir du premier une dation en paiement.

On conçoit très bien que l'on autorise en ce cas la dation en paiement; si, par exemple, c'est la femme qui est créancière, ses créances sont légitimes et exigibles, elle pourrait faire exproprier son mari; il est bien plus naturel qu'elle accepte une dation en paiement, les biens restent ainsi dans la famille et on évite des procès.

Pour que la dation en paiement soit valable, il faut que la séparation de biens soit prononcée, les créances de la femme contre son mari deviennent alors exigibles. Mais tant que la séparation de biens n'a pas été prononcée, le mari ne pourrait pas faire de dation en paiement à sa femme, n'étant pas encore son débiteur.

C'est en ce sens que s'est prononcée la Cour de cassation dans son arrêt du 2 juillet 1873. (Dal. 1873, 1. 464.) On avait soutenu devant la Cour, qu'en vertu de l'effet rétroactif de la séparation qui remonte au jour de la demande (art. 1445), la cession consentie au profit de la femme par son mari, le lendemain de sa demande en séparation de biens, avait pu soustraire les meubles qui en font l'objet, à l'action des créanciers de ce dernier. La Cour a rejeté cette demande avec raison, car l'art. 1445, en donnant un effet rétroactif au jugement de séparation, a eu en vue de conserver à la femme les droits qui peuvent lui échoir pendant l'instance en séparation, et on a voulu empêcher le mari de la ruiner par les actes qu'il pourrait faire pendant ce temps; mais cet article n'a pas entendu conférer à la femme demanderesse en séparation une capacité juridique que l'art. 1595 restreint à la femme séparée de biens. Une telle interprétation ouvrirait la voie à tous les moyens de fraude que l'art. 1595 a voulu prévenir, et rendrait inutiles les précautions dont le législateur a entouré les demandes en séparation de biens, dans l'intérêt des tiers.

2e CAS. — « *Celui où la cession que le mari fait à sa femme, même non séparée, a une cause légitime, telle que le remploi de ses immeubles aliénés, ou de deniers à elle appartenant, si ces immeubles ou deniers ne tombent pas en communauté.* »

La femme a aliéné un de ses biens propres, le mari est tenu d'en faire remploi. Au lieu d'acheter un immeuble, le mari qui a un bien à sa disposition, l'offre en paiement à sa femme pour tenir lieu et place du propre aliéné. Le mari était débiteur puisqu'il n'avait touché les deniers du propre aliéné qu'à la charge de les rendre; il y aura là une cause légitime de dation en paiement.

Dans ce second, cas la loi suppose que c'est

le mari qui cède des biens à sa femme pour une cause légitime; elle n'autorise pas la femme non séparée judiciairement à céder des biens à son mari, sauf quand elle se trouve dans le cas spécial prévu par l'art. 1595-3°. La femme peut cependant être débitrice de son mari, pourquoi ne lui a-t-on pas permis de faire une dation en paiement? C'est qu'il arrive bien rarement que la femme non séparée soit en possession de valeurs appartenant au mari. Ce n'est pas la femme qui administre les biens du mari et qui est chargée de faire remploi de ses biens aliénés. Il est, au contraire, tout naturel que le mari soit en possession des deniers de la femme, c'est là une suite de l'état de subordination de la femme envers le mari. Les rédacteurs du Code ont alors pensé qu'il était inutile de permettre une dation en paiement pour une hypothèse très rare, et qui, si elle se présentait, pourrait avoir été préparée par les époux pour légitimer une vente sous forme de dation en paiement, sans qu'il y eût à vrai dire une cause légitime (1).

L'art. 1595-2° n'est pas limitatif, les hypothèses prévues par le texte ne sont que des exemples, et en dehors de ces hypothèses, la cession que le mari fera à sa femme d'un bien à lui ou à la communauté sera valable, à condition qu'elle ait une *cause légitime*.

La loi a-t-elle voulu donner aux juges un pouvoir discrétionnaire pour apprécier s'il y a ou

---

(1) M. Colmet de Santerre, t. VII, n° 20 bis, IV.

non *cause légitime?* Non, car les deux exemples
qui nous sont fournis par le texte ont pour but
de nous montrer ce qu'il faut entendre par cause
légitime, et cette explication est obligatoire pour
le juge. Si le législateur s'était contenté de dire
que la dation en paiement est permise toutes
les fois qu'elle a une cause légitime, le juge n'aurait pas eu à suivre d'autre guide que sa con-
science pour vérifier la légitimité de la cause;
mais notre article restreint son pouvoir d'appréciation en disant « *telle que...* »; la loi nous dé-
voile ainsi sa pensée, elle nous montre ce qu'elle
entend par *cause légitime,* et ne permet pas au
juge de s'écarter des exemples qu'elle a donnés.
Il n'y a pas de doute à cet égard, comme le dit
M. Laurent (1), l'art. 1595-2° consacre une exception, or l'exception ferait disparaître la règle,
si on donnait au juge un pouvoir discrétionnaire
pour apprécier quand la cause est légitime;
une pareille interprétation aboutirait à dire que
la vente serait permise au mari dès que la cause
paraîtrait légitime au juge. C'est précisément
pour empêcher un pareil arbitraire que la loi a
pris le soin de fixer par un exemple ce qu'elle
entendait par cause légitime. Cet exemple montre que le mari est débiteur de sa femme, et la
dation en paiement intervient pour éteindre cette
dette préexistante.

Aussi est-ce avec raison que la Cour de cassation a abandonné la doctrine qui consistait à

(1) M. Laurent, t. XXIV, n° 37.

donner au juge un pouvoir souverain dans l'appréciation de la légitimité de la cession. Ce revirement dans la jurisprudence date du 24 juin 1839 (Sir. 1839. 1. 596). Depuis cette époque, la Cour n'a pas cessé de considérer que l'art. 1595-2° exigeait, pour qu'il y ait c... .e légitime, que la femme fût créancière de son mari (Cass. 28 nov. 1855. Sir. 1856. 1. 680).

Mais faut-il aller jusqu'à décider avec la Cour de cassation que l'application de l'art. 1595-2° serait subordonnée à l'existence, au profit de la femme, d'une créance déjà exigible à l'époque de la dation en paiement? Il ne nous semble pas que les termes de notre article puissent se prêter à une interprétation aussi rigoureuse. Sans doute cet article exige que la femme soit créancière de son mari, mais il ne va pas jusqu'à vouloir que cette dette soit exigible, il n'en parle pas. Cette condition n'est d'ailleurs pas indispensable pour empêcher les fraudes que pourrait faciliter la dation en paiement. Pour écarter tout soupçon d'avantage indirect, il suffit d'exiger que la femme ait réellement une créance contre son mari. Plusieurs Cours d'appel se sont prononcées en ce sens. (Poitiers, 11 août 1863. Dal. 1865. 2. 103. — Chambéry, 21 fév. 1876. Dal. 77. 2. 47.)

On a invoqué les travaux préparatoires du Code pour soutenir que la créance doit être exigible dès l'époque de la dation en paiement; on s'est servi surtout du Rapport fait au Corps Législatif, au nom du Tribunat, par Grenier, où on lit ce passage : « Pourquoi, dans ces trois cas, aurait-on interdit une vente entre époux? *Comme les créances sont légitimes et exigibles,* il serait injuste d'empêcher une libération par la voie de la vente. » (1)

Nous ferons remarquer que cet argument n'a pas une bien grande valeur, car nous avons des citations tout aussi concluantes qui peuvent être faites en sens contraire. Ainsi, l'orateur du Tribunat disait : « Le projet de loi défend les ventes entre époux, à moins qu'il ne s'agisse de cessions de biens faites en paiement de sommes légitimement dues ou pour tenir lieu de remploi, en un mot, des cessions qui, fondées sur des droits incontestables, soient à l'abri de tout soupçon d'avantage indirect ». Il ressort bien de ce passage que ce n'est pas l'échéance de la dette, mais sa sincérité que le législateur a eue en vue; ce qu'il a voulu prohiber, ce n'est pas une libération anticipée, mais un avantage indirect qui aurait pu être déguisé sous l'apparence d'une vente fictive.

Ce qui doit faire rejeter le système de la Cour de cassation, ce sont surtout les conséquences auxquelles il aboutit. En effet, le texte admet la validité de la dation en paiement quand elle a pour but de faire le remploi d'un propre aliéné, sans distinguer si le remploi était ou non imposé par le contrat de mariage. Eh bien! si on admet la doctrine de la Cour de cassation, pour être

(1) Fenet, t. XIV, p. 191.

logique, il faut décider que la cession est impossible quand le remploi n'a pas été imposé au mari dans le contrat de mariage, parce que la femme n'a pas alors une créance exigible. Se basant sur cette doctrine, la Cour de Besançon, dans son arrêt du 15 juin 1881 (Sir. 1882. 2. 127), a décidé que la cession, même faite à titre de remploi, n'était pas valable quand le remploi n'avait pas été formellement stipulé dans le contrat de mariage. Avec cette doctrine on restreint singulièrement l'application du 2e alinéa de l'art. 1595, car si la clause de remploi est fréquemment employée sous le régime dotal, il n'en est pas de même sous les autres régimes, où elle est très rare.

Il faut avouer que l'on comprend peu une pareille restriction. Pourquoi, lorsque le remploi est facultatif, défendre qu'il se fasse au moyen de la dation en paiement consentie à la femme d'un bien appartenant au mari ou à la communauté, lorsque ce remploi pourrait s'opérer par l'acquisition d'un bien appartenant à un tiers?

Nous ajouterons qu'en dehors du cas où le remploi est obligatoire pour le mari, on imaginerait difficilement des hypothèses où celui-ci serait tenu d'une dette exigible envers sa femme, durant le mariage. Lorsque les époux sont mariés sous le régime dotal ou séparés de biens, on comprend que la femme ait une créance exigible contre son mari, celui-ci a pu gérer avec ou sans mandat les biens paraphernaux

de sa femme. En vertu de son droit d'administration, celle-ci peut réclamer immédiatement
le remboursement de ce que le mari a ainsi
perçu : en ce cas-là, le mari sera tenu d'une dette
exigible, il y aura cause légitime, d'après la Cour
de cassation. Mais si nous nous plaçons dans
l'hypothèse d'un régime où il n'y ait pas de paraphernaux, par exemple sous le régime de la
communauté légale ou conventionnelle, on ne
voit plus comment le mari pourrait devenir débiteur de sa femme dans des conditions telles
qu'elle puisse exiger de suite son remboursement; car les récompenses, de même que les
sommes que les époux se doivent l'un à l'autre,
ne sont exigibles qu'après la dissolution de la
communauté. Avec la théorie de la Cour de cassation, nous le répétons, le deuxième alinéa de
l'art. 1595 serait presque inapplicable sous le régime de la communauté. Or, comment admettre
un pareil résultat, lorsque le législateur a eu
principalement en vue ce régime, quand il a fait
cet article; c'est ce qui ressort clairement de la
condition exprimée dans notre texte, qu'il s'a-
gisse « *d'immeubles ou de deniers qui ne tombent
pas en communauté.* »

Mais faut-il dire avec les Cours de Douai
(Arrêt 10 nov. 1880) et de Montpellier (Arrêt
24 mars 1879, cassé le 15 juin 1881, Sir. 1883,
p. 473) qu'il y aura une cause légitime dans la
cession consentie par le mari à sa femme, quand
elle aura pour but de remplir celle-ci, même
par anticipation, de reprises dont il est justifié?

Non. En poussant ainsi les choses à l'extrême, on en arriverait à permettre avec le deuxième alinéa de l'art. 1595, à titre de dation en paiement par le mari à sa femme, tout ce que le premier alinéa ne permet qu'en cas de séparation de biens.

La difficulté est de déterminer, quand le mari a fait une dation en paiement à sa femme, si elle a été faite en vertu d'une cause légitime.

Examinons quand le remboursement de la dot constitue une cause légitime de dation en paiement dans le sens de l'art. 1595.

Supposons d'abord que les époux soient mariés sous le régime dotal. A une certaine époque on avait soutenu et jugé (Grenoble, 8 mars 1831. Sir. 1832. 2. 55.) que l'alinéa 2 de l'art. 1595 ne s'appliquait, au cas d'emploi de deniers propres à la femme, que sous le régime de la communauté, à l'exclusion du régime dotal. Cette opinion était fausse, elle introduisait dans la loi une restriction qui n'y était pas et qui était sans raison d'être. L'exemple que nous fournit la loi à l'appui de sa règle a bien été pris dans la communauté, mais la règle n'a pour cela rien d'exclusif, et dès l'instant qu'il y a une cause de dation en paiement dans le genre de celle que le texte nous fait voir, notre article s'applique sous quelque régime qu'on soit marié.

Ainsi les époux sont mariés sous le régime dotal, mais il n'y a pas eu de clause d'emploi insérée au contrat de mariage; en ce cas, toute restitution anticipée de la dot sera regardée comme nulle. L'acquisition d'un bien qui serait faite au nom et pour le compte de la femme à titre d'emploi de deniers dotaux, ne deviendrait pas dotale, l'art. 1553 est formel, et, le cas échéant, le mari continuerait à être tenu de restituer la dot à l'époque fixée par la loi.

Puisque le mari n'est pas admis à faire ici une libération anticipée, la cession qu'il aura faite ne saurait être regardée comme une cause légitime de dation en paiement.

Lorsque les époux sont mariés sous le régime de la communauté, la question est plus difficile.

Il est de règle, sous tous les régimes, que la dot ne peut pas être restituée à la femme avant la dissolution du mariage ou la séparation de biens judiciairement prononcée. Car une pareille restitution est anticipée et porte une grave atteinte au principe de l'immutabilité des conventions matrimoniales ; et ce principe défend à la femme de reprendre l'administration de ses biens avant l'époque fixée par la loi pour l'expiration des pouvoirs du mari. Faut-il conclure de là que le mari ne pourra jamais faire à sa femme une dation en paiement, quand elle aura pour objet le remboursement anticipé de sa dot? Cette conclusion serait fausse, car cette dation en paiement n'a pas pour conséquence forcée d'entraîner la restitution de la dot ; pour qu'il en soit ainsi, il faudrait que cette dation en paiement eût été accompagnée d'une livraison immédiate ; alors pas de doute, nous serions

certainement en contradiction avec l'art. 1395.
Mais si l'objet donné en paiement reste entre
les mains du mari, en même temps que la
femme en devient propriétaire, nous ne sommes
pas en présence d'une restitution de la dot; la
dot est simplement modifiée dans sa consis-
tance, le mari en conserve l'administration et
la jouissance. Sommes-nous alors en opposition avec la loi? L'art. 1395 édicte bien, il est
vrai, que les conventions matrimoniales ne peuvent pas être changées pendant le mariage;
mais cet article ne va pas jusqu'à défendre que
l'apport de la femme soit modifié pendant le
mariage; de simples changements sur les biens
qui composent cet apport n'entraînent pas de
modifications dans les relations entre époux
telles que le contrat de mariage les a réglées.

Une dation en paiement est donc possible.

Sous le régime de la communauté, l'art. 1595-2°
s'appliquera-t-il toutes les fois que la dation
en paiement faite par le mari à sa femme, aura
pour but de la remplir d'une reprise qu'elle
aurait droit d'exiger lors de la dissolution de la
communauté, si cette reprise était actuellement
acquise et liquide? Comme le fait très bien remarquer M. Bufnoir (1), la solution dépend
d'une question préalable, savoir, si sous le régime de la communauté, les deniers propres à
chacun des époux peuvent être employés à son

_____

(1) Consulter une note très bien faite de M. Bufnoir, dans
Sirey, 1883, 1, 473.

profit, à l'acquisition de propres? Si le contrat
de mariage a, par une clause spéciale, édicté
l'emploi des deniers propres (art. 1404), il n'y
a pas de difficulté, l'emploi sera fait très valablement au moyen d'une dation en paiement.
Mais si le contrat de mariage n'en parle pas,
alors s'élève une grande controverse qui sépare la jurisprudence et la doctrine. Refuse-
t-on la possibilité de ce remploi, il s'ensuit que
le mari ne pourra pas faire une dation en paiement à sa femme avant la séparation de biens,
pour lui tenir lieu de remploi. Admet-on, au
contraire, la possibilité de ce remploi, on reconnaît que le mari peut alors faire valablement une dation en paiement à sa femme. Mais
même pour ceux qui admettent que le remploi
des deniers propres puisse être fait, ceci n'est
possible que pour les deniers propres parfaits,
qui, dès l'origine, représentent un capital propre
parfait, comme le ferait un immeuble. Ce remploi ne pourrait s'appliquer aux deniers dont la
communauté est devenue quasi-usufruitière, à
charge de reprises à effectuer à la dissolution.
Un tel remploi tomberait sous le coup de
l'art. 1395, il y aurait là un changement apporté
aux conventions matrimoniales, ce qui est
prohibé d'une manière absolue.

Pour nous résumer, si l'on veut formuler net-
tement la pensée de la loi, nous croyons qu'il
faut dire qu'elle reconnaît la validité de la cession en paiement faite par le mari à la femme,
comme ayant une cause légitime, alors même

que la créance de la femme n'est pas actuellement exigible, mais *lorsqu'elle est susceptible
d'un paiement, d'un remboursement actuel*. Et ce
que nous disons est d'accord avec l'art. 1595-2°,
car dans les exemples donnés par ce texte, la
créance de la femme est certaine, mais n'est
pas exigible, puisqu'il est question de reprises
qui ne s'exercent qu'à la dissolution du mariage.

Aussi n'approuvons-nous pas l'arrêt rendu
par la Cour de cassation au sujet de la communauté d'acquêts. On sait que sous ce régime la
femme garde en propre son mobilier présent et
futur; que le mari a la jouissance des deniers,
il en devient donc propriétaire à charge de les
restituer. La Cour n'a pas voulu voir dans cette
obligation de restitution une cause légitime de
dation en paiement, parce que, dit-elle, la créance
de la femme n'est pas exigible (Rejet. 2 juil. 1873.
Dal. 1873. 1. 464). Nous croyons que cette décision est inexacte, elle est contraire à l'esprit de
l'art. 1595, car les deniers propres à la femme
dont parle cet article ne sont pas davantage exigibles, le mari en devient propriétaire comme
dans notre cas, et cependant la loi autorise la
dation en paiement.

3e CAS. — *Celui où la femme cède des biens à
son mari en paiement d'une somme qu'elle lui aurait promise en dot, et lorsqu'il y a exclusion de
communauté.*

Cette troisième exception est personnelle à la

femme pour cette raison, que c'est la femme qui apporte une dot au mari, celui-ci n'apporte pas de dot à la femme. Alors même que le mari serait doté, la femme ne toucherait pas la dot, c'est lui qui la garderait, il n'y a donc pour lui jamais lieu, en ce cas, à la dation en paiement.

Cette exception s'appuie sur ce que la loi n'a pas voulu que la femme fût obligée de vendre un bien pour payer sa dot. Mais le texte n'entend ceci qu'à la condition qu'il y ait *exclusion de communauté*. Quelle explication peut-on donner de ces termes?

Ces mots visent sûrement le cas où les époux sont mariés sous le régime dotal. Ainsi, si les époux se sont mariés sous ce régime, et que la femme se soit engagée à apporter une dot en argent, elle pourra donner à son mari un immeuble en paiement de la somme qu'elle lui avait promise, si celui-ci consent à l'accepter. Et cet immeuble ne deviendra pas dotal (art. 1553), il ne sera même pas paraphernal, à moins de stipulation contraire, car la dation a eu pour effet d'en transférer la propriété au mari, qui demeure débiteur envers sa femme d'une dot en argent, dot qui lui a été payée avec un immeuble. Car le mari en acceptant cet immeuble en paiement, a entendu pouvoir en disposer comme il aurait pu le faire de la somme d'argent.

Mais le régime dotal n'est pas le seul qui emporte exclusion de communauté, le régime sans communauté produit aussi cet effet (art. 1530). Dans ce régime tous les biens de la femme sont soumis à l'administration du mari qui en a la jouissance, et qui, en retour, pourvoit à toutes les charges. Appliquerons-nous à ce régime l'art. 1595-3° ? Le texte ne s'y oppose pas. Mais on peut en douter pour les raisons suivantes : d'abord à cause de l'origine historique de ce troisième alinéa de l'art. 1595. On voit dans Fenet (1) que cette troisième exception a été introduite en vue du régime dotal seul, sur les observations du tribunal d'appel de Grenoble.

Ensuite, parce que dans le régime sans communauté on voit moins bien l'utilité que pourrait avoir la disposition de l'art. 1595-3°. En effet, sous ce régime, le mari a l'administration et la jouissance de tous les biens de la femme. On se demande alors en quoi sa situation serait changée par cette cession ?

Malgré ces raisons, nous croyons qu'on peut appliquer l'art. 1595-3° au régime sans communauté. Pour l'argument tiré de l'origine historique qu'on nous oppose, on peut y répondre par cette remarque : il est bien certain que, quoique les juges du tribunal de Grenoble aient employé les mots *exclusion de communauté*, ils avaient en vue le régime dotal seul, car pour les pays de droit écrit, ces deux expressions étaient synonymes ; mais il a dû arriver que les rédacteurs du Code, en reproduisant textuellement dans l'art. 1595-3° le projet des juges de

(1) Fenet, t. III, p. 584.

Grenoble, ont oublié le sens que ceux-ci atta-
chaient aux termes *exclusion de communauté*.
Et ce qui semble le prouver, c'est que si nos
législateurs s'étaient rendu compte que cet
amendement ne s'appliquait qu'au régime dotal seul, ils n'auraient pas reproduit les mots
exclusion de communauté, mais se seraient servis
de l'expression *régime dotal* pour empêcher
qu'il n'y ait le plus léger doute. Parce qu'ils devaient bien penser que pour les pays de droit
coutumier, les mots *exclusion de communauté*
avaient un sens large, s'appliquant aussi bien au
régime sans communauté qu'au régime dotal.

Il est aussi très possible de trouver un intérêt
à ce qu'une dation en paiement intervienne
sous le régime sans communauté. Il n'est pas
indifférent pour le mari de recevoir une cession,
car il deviendra propriétaire du bien cédé par
la femme, et pourra en disposer, comme il
aurait pu le faire de la somme constituée en dot,
si elle lui avait été payée.

Mais nous avouons que ceci se présentera
rarement dans la pratique. La femme appor-
tant dans ce régime la jouissance de tous ses
biens, il est peu vraisemblable qu'elle aille encore aggraver son obligation déjà si onéreuse,
en promettant un capital en argent.

L'art. 1595-3° s'applique aussi sous le régime
de séparation de biens. Sous ce régime la
femme n'apporte pas de biens à son mari, elle
supporte les charges du mariage, en lui donnant une partie de ses revenus. Rien ne s'op-

poserait à ce que la femme apportât en dot une
somme dont les intérêts représenteraient sa
part contributoire dans les charges du mariage;
la femme serait alors débitrice et pourrait se
libérer en faisant une dation en paiement à son
mari.

Doit-on étendre l'art. 1595-3° au régime de
communauté? Le texte nous dit en toutes lettres,
lorsqu'il y a *exclusion de communauté*, ce qui
prouve bien que le régime de communauté est
exclu. Cette interdiction se comprend parfaitement quand les époux sont mariés sous le régime de la communauté légale; la cession serait
même impossible. En effet, sous ce régime, la
femme ne promet rien en dot à son mari. Comment admettre que l'on puisse alors appliquer
notre disposition, qui autorise la cession pour
le paiement « d'une somme *promise en dot* »?
Sous la communauté conventionnelle, au contraire, la femme peut promettre une dot. C'est
ce qui se présente quand on a inséré dans le
contrat de mariage la clause d'apport : la femme
s'engage à mettre son mobilier en communauté
jusqu'à concurrence d'une somme déterminée;
le mari est devenu créancier, nous serions donc
dans les conditions voulues pour qu'il puisse
intervenir une dation en paiement. Malgré cela,
elle ne pourra pas se faire, ce serait violer
l'art. 1595-3°. On ne peut pas, je crois, donner
de bonnes raisons de cette prohibition, il est
très probable que le législateur a perdu de vue
cette hypothèse.

M. Colmet de Santerre (1) donne une autre explication de ce troisième alinéa, qui permet de l'appliquer à tous les régimes.

La loi autorise, dit-il, une dation en paiement entre époux, parce que le mari ayant une créance contre sa femme, pourrait saisir et vendre ses biens. Le troisième alinéa de l'article 1595 ainsi envisagé, on comprend pourquoi le Code n'a pas restreint sa règle à tel ou tel régime matrimonial. Il n'a pas dit, en effet, que cette dation en paiement pourra être faite, pourvu que les époux soient mariés sous le régime exclusif de communauté ou sous tel autre. Il a pris seulement le soin de constater un fait sans lequel la dation en paiement serait dépourvue d'intérêt, il montre que l'hypothèse n'est possible qu'autant qu'il y a *exclusion de communauté*, c'est-à-dire, autant que le bien donné en payement était exclu de la communauté.

En expliquant ainsi ce troisième alinéa, on échappe à la nécessité d'accuser le législateur d'avoir caractérisé inexactement le régime matrimonial auquel il voulait faire allusion.

Cette explication est très ingénieuse, mais elle nous semble forcer un peu l'esprit de la loi; elle nous montre la loi telle qu'elle aurait dû être, mais non pas telle qu'elle est. L'article 1595-3° ne nous parle pas du bien qui est donné en paiement de la dot promise, il dit seulement

(1) M. Colmet de Santerre, t. VII, p. 38, n° 21 bis, ı.

« *lorsqu'il y a exclusion de communauté* », ce qui signifie lorsque la communauté est exclue, et elle est exclue lorsque les époux sont mariés sous le régime dotal, sous le régime sans communauté ou sous le régime de séparation de biens.

Si la femme était débitrice de son mari pour des causes antérieures au mariage, pourrait-elle lui faire une dation en paiement? MM. Regnaud (de Saint-Jean d'Angely) et Jollivet (1) avaient demandé que l'article 1595 fût rédigé de manière à autoriser, en ce cas, la dation en paiement faite par la femme à son mari. Tenant compte de cette observation, Tronchet avait fait adopter la suppression de l'alinéa 3 de l'article 1595, et on avait rédigé ainsi l'alinéa 1er : *celui où l'un des époux cède à l'autre des biens en paiement de ses droits.* Mais cette rédaction fut changée dans le texte du projet présenté au Tribunat (2), et on adopta l'article 1595 tel qu'il nous est parvenu. En présence de ce changement, il faut décider que la dation en paiement ne serait pas permise; ce cas ne rentre, en effet, dans aucune des trois exceptions apportées par notre article; il n'est pas question de séparation judiciaire, comme le veut le premier alinéa; ce n'est pas le mari qui doit faire la cession,

(1) Fenet, t. XIV, p. 22.
(2) Fenet, t. XIV, p. 79.

comme l'exige le deuxième alinéa ; enfin, on ne suppose pas une somme promise en dot, comme le prescrit le troisième alinéa. Nous restons donc soumis à la prohibition. On ne peut que regretter que les rédacteurs du Code n'aient pas admis la dation en paiement en cette hypothèse ; car le mari ayant alors le droit de saisir les biens personnels de la femme, il eût été très juste d'autoriser celle-ci à se libérer envers lui par une cession.

L'article 1595 ne s'applique pas aux dations en paiement passées entre futurs conjoints dans le laps de temps qui s'écoule entre le contrat de mariage et la célébration ; en effet, il ne s'agit pas alors de dations en paiement *entre époux* prohibées par l'article 1595, puisque nous supposons qu'elles ont été faites avant la célébration. La Cour de Bordeaux a adopté cette opinion dans un arrêt du 30 janvier 1834. (Sir. 1834. 2. 281.)

B. — *A qui la dation en paiement doit-elle être faite ?*

L'article 1239, alinéa premier, dit : *le paiement doit être fait au créancier ou à quelqu'un ayant pouvoir de lui, ou qui soit autorisé par justice ou par la loi, à recevoir pour lui.* Ainsi il ressort de cet article que le paiement peut être fait au créancier ou à quelqu'un ayant qualité pour recevoir à sa place ; il y a là une distinction que nous pouvons étendre à la dation en paiement.

1° *Dation en paiement faite au créancier lui-même.*

Cette dation en paiement ne sera valable qu'autant que le créancier qui l'accepte est capable d'aliéner. Ainsi, un mineur émancipé n'aurait pas la capacité nécessaire pour recevoir une dation en paiement, à la place des capitaux qui lui sont dus, sans l'assistance de son curateur (article 482).

La loi redoute que ce mineur ne fasse un mauvais usage de ce qu'il a touché, qu'il ne le dissipe; aussi veut-elle que le curateur en surveille l'emploi. Le débiteur pourrait être tenu de payer une seconde fois, cependant la loi a apporté ici un tempérament d'équité : le débiteur, bien qu'il ait fait une dation en paiement à un incapable, ne sera pas tenu de payer une deuxième fois, s'il prouve que la chose donnée en paiement a tourné au profit du créancier qui l'a reçue (article 1241), c'est-à-dire, s'il parvient à prouver que la dation en paiement a eu des résultats aussi avantageux que ceux qu'elle eût produits, si elle avait été faite régulièrement.

La dation en paiement faite à un incapable est susceptible de ratification, et cette ratification ferait disparaître le vice dont elle était atteinte dans le principe. Cette ratification pourrait être faite soit par l'incapable lui-même, à condition qu'il fût suffisamment autorisé, ou devenu capable, soit par son représentant. Ainsi la dation en paiement reçue par un mineur émancipé, sans l'assistance de son curateur (art. 482), est susceptible d'être ratifiée soit par l'émancipé lui-même, assisté de son curateur, soit par l'émancipé seul, s'il a atteint sa majorité. La dation en paiement reçue par un mineur non émancipé pourrait être ratifiée ou par le mineur lui-même, s'il était devenu majeur, ou s'il était encore mineur, par son tuteur.

2° Dation en paiement faite à une personne ayant qualité pour la recevoir à la place du créancier.

Le mandat peut être légal, judiciaire ou conventionnel.

Mandat légal. Tel sera celui donné à un tuteur qui représente le mineur ou l'interdit (articles 450 et 509); le débiteur d'un pupille qui donnera une chose en paiement au tuteur sera valablement libéré.

Mandat judiciaire. — Ainsi le curateur donné à un absent, en vertu de l'article 112, et l'administrateur provisoire nommé, conformément à l'article 497, à la personne dont l'interdiction est provoquée, sont des mandataires judiciaires qui ont pouvoir de recevoir une dation en paiement.

Mandat conventionnel. — Pour donner un pareil mandat, le créancier doit lui-même être capable de recevoir la dation en paiement, car la dation qui sera faite à son mandataire sera réputée faite à lui-même, en vertu de la règle : *qui mandat ipse fecisse videtur;* mais pour qu'il en soit ainsi, il faut :

1° Que le mandat dure encore à l'époque de la dation en paiement. Toutefois si le créancier n'avait pas eu la précaution d'avertir le débiteur de la révocation ou de la cessation du mandat, la dation en paiement faite entre les mains de l'ex-mandataire ne pourrait être critiquée. Le créancier est en faute, il a été négligent, il devra en subir les conséquences, sauf à recourir contre l'ex-mandataire.

2° Que celui qui a reçu la dation en paiement l'ait reçue en vertu d'un pouvoir régulier. Ainsi la dation en paiement faite entre les mains d'un faux mandataire serait nulle; le débiteur pourrait être contraint à payer une seconde fois, car il est en faute de n'avoir pas vérifié les pouvoirs de celui qui se présentait comme mandataire; le créancier dont on a usurpé le nom n'a au contraire rien à se reprocher.

Nous avons supposé jusqu'ici que la dation en paiement avait été reçue par une personne munie d'un mandat général, ou bien d'un mandat spécial à l'effet de recevoir une chose en paiement. Mais une personne ayant simplement un mandat de recevoir un paiement, pourrait-elle accepter une chose autre que celle qui est due? Certainement non. Le créancier, lui, a bien ce pouvoir, mais il n'en est pas de même de celui qui n'a qu'un mandat de recevoir. C'est ce qu'a jugé la Cour de Rennes, le 5 août 1839. Un créancier avait fait commandement à son débiteur de lui payer une somme de 10,000 francs que celui-ci lui devait; il envoie ensuite son titre exécutoire à un huissier pour qu'il pratique une saisie.

L'huissier, au lieu d'exiger le paiement en argent, reçut un mandat de 10,000 francs tiré par un notaire de Rennes sur un notaire de Vannes. Le créancier refusa d'accepter ce mandat; la Cour lui donna raison. Car pour pouvoir valablement recevoir ce mandat, il eût fallu que l'huissier eût été muni d'un pouvoir spécial, il était sans qualité pour le prendre en paiement et en donner quittance. Le titre dont l'huissier était porteur équivalait à un pouvoir de recevoir en argent la créance, il n'était pas dans ses attributions d'accepter d'autres valeurs que celles dues et demandées. La Cour de cassation a approuvé cet arrêt, le 3 août 1840.

Ainsi la dation en paiement faite à tout autre que le créancier ou à la personne ayant qualité pour recevoir à sa place, est nulle. Elle deviendra cependant valable dans les hypothèses suivantes :

1° Si le créancier la ratifie, car *ratihabitio mandato æquiparatur*.

2° S'il en a profité, par exemple si le débiteur parvient à prouver que la dation en paiement qu'il a faite a éteint une dette qu'il avait intérêt à acquitter préférablement à toute autre (article 1239, alinéa 2).

3° La dernière hypothèse est prévue par l'art. 1240 ainsi conçu : « *Le paiement fait de bonne foi à celui qui est en possession de la créance est valable encore que le possesseur en*

soit par la suite évincé. » Cet article s'applique
aussi à la dation en paiement. On entend par
possesseur de la créance celui qui se trouve
dans une position telle, qu'on peut légitimement
croire que la créance lui appartient; aux yeux
de tous, il passe pour en être propriétaire. Tel
est l'héritier apparent du créancier originaire.

CONSENTEMENT DES PARTIES

Il n'est pas nécessaire d'insister longuement
sur la nécessité du consentement des parties.
Nous ne nous étendrons pas davantage sur
toutes les causes qui peuvent vicier le consentement, nous dirons seulement quelques mots
sur l'hypothèse où le *tradens* a fait une dation
en paiement de l'indu; il pourra répéter la
chose indûment fournie par la *condictio indebiti.* Car la dation en paiement ne saurait se
comprendre sans une dette qu'elle est destinée
à éteindre; il faut bien qu'un mode d'extinction
éteigne quelque chose. Et nous pensons que
c'est là tout ce que signifie l'art. 1235 lorsqu'il
dit : « *Tout paiement suppose une dette.* » Notre
opinion est confirmée dans la seconde phrase
de l'article, quand la loi tire la déduction de la
prémisse qu'elle vient de poser : « *ce qui a été
payé sans être dû est sujet à répétition.* » Ainsi
mon oncle meurt, je suis son unique héritier; il
vous devait une somme de 5,000 francs que

vous venez me réclamer; je vous la paye ou vous fais une dation en paiement; je retrouve ensuite dans les papiers de la succession une quittance qui prouve que mon oncle avait déjà acquitté cette dette. J'ai fait un paiement ou une dation en paiement sans cause, puisque la dette que je voulais éteindre n'existait plus; j'aurai alors le droit de répéter, c'est-à-dire de redemander ce que j'ai payé ou donné en paiement par erreur, car il serait inique que vous pussiez le garder.

On a donné une autre interprétation de notre article. « *Tout paiement suppose une dette* » signifierait que par cela seul qu'une dette a été payée, le paiement fait présumer, jusqu'à preuve du contraire, qu'elle existait réellement; c'est donc à celui qui a payé, et qui soutient l'avoir fait indûment, à prouver qu'il n'était pas débiteur.

Cette explication repose sur une idée qui est vraie. C'est bien en effet à celui qui réclame ce qu'il prétend avoir payé indûment à prouver qu'il n'est pas débiteur; mais nous ne pensons pas que ce soit là l'idée que les rédacteurs du Code avaient en vue en faisant l'art. 1235. En lisant l'article, on voit que les deux phrases du premier alinéa ne doivent pas être séparées; comme nous le disions plus haut, elles énoncent deux idées dont la seconde est la conséquence de la première. C'est ce que prouvent les travaux préparatoires du Code. MM. Bigot-Préameneu et Jaubert disaient : « Tout paiement

suppose une dette, conséquemment ce qui aura
été payé pour une dette qui n'existerait pas,
pourrait être répété. Ce qui a été payé sans être
dû est donc sujet à répétition. »

Pour que celui qui a fait la dation en paiement
ait la *condictio indebiti,* suffit-il qu'elle ait été
faite indûment, ou faut-il de plus qu'elle ait été
faite par erreur?

La plupart des auteurs pensent que la condition qu'il y ait erreur, formellement exigée dans
l'art. 1377, doit être considérée comme sous-en-
tendue dans l'art. 1235. Cette décision est conforme à la tradition historique. En effet, Ulpien
disait : « *Si quis indebitum ignorans solvit, per
hanc actionem condicere potest, sed si sciens se
non debere solvit, cessat repetitio.* » (L. 1 § 5 *de
cond. indeb.*)

Pothier (1) était du même avis. « Il n'y a lieu à
la *condictio indebiti* pour ce qu'on a payé sans le
devoir, que lorsque c'est par erreur qu'on a
payé. Si, lors du paiement que j'ai fait d'une
chose, je savais ne la pas devoir, je n'en ai aucune répétition. »

On invoque encore les travaux préparatoires
du Code, notamment le discours du tribun Tar-
rible au Corps législatif : « L'erreur de la part
de celui qui paye peut seule autoriser la répétition de la chose; il doit avoir cru faussement
que la chose était due au prétendu créancier
qui n'y avait aucun droit. Sans cette fausse opi-

(1) Pothier, n° 160.

nion, il serait censé avoir voulu donner ce qu'il savait fort bien ne pas être dû » (1).

On s'explique très bien, ajoute-t-on, qu'on exige qu'il y ait erreur. La *condictio indebiti*, comme toutes les actions qui ont leur source dans un quasi-contrat, est fondée sur une raison d'équité, or l'équité ne commande nullement que la loi vienne au secours de celui qui a payé sciemment ce qu'il ne devait pas, c'est volontairement qu'il s'est imposé le préjudice qu'il souffre.

Les partisans de ce système l'admettent non seulement lorsque celui qui a fait la dation en paiement a payé avec l'intention de faire une donation, mais même lorsqu'il a payé avec l'intention de répéter. Comme le disent MM. Aubry et Rau, « ce serait se jouer de la justice, que de livrer à titre de paiement ce qu'on sait ne pas devoir pour le répéter ensuite». *Malitiis non est indulgendum.*

Quoique cette opinion s'appuie sur des arguments très forts, nous ne nous y rangeons pas; nous pensons que le Code a ici dérogé à la tradition historique.

Dans le cas prévu par l'art. 1235, l'erreur de celui qui a fait la dation en paiement n'est pas nécessaire pour que l'on puisse intenter la *condictio indebiti*, la loi ne l'exige pas; quand elle veut qu'il y ait erreur, elle a soin de le dire expressément, comme dans l'art. 1377.

(1) Locré, t. XIII, p. 55.

Remarquons que pour refuser la répétition lorsqu'on a payé sciemment, il faut regarder celui qui a fait le paiement comme ayant eu l'intention de faire une donation déguisée sous la forme d'un paiement. C'est, croyons-nous, violer les règles des donations. La donation n'est pas l'œuvre d'une seule des deux parties, elle exige aussi le concours de l'autre partie, il faut son consentement, consentement qui a fait totalement défaut ici, puisque celui qui a reçu était dans l'erreur, il se croyait créancier. Pour que ce système fût vrai, il faudrait donc faire une distinction, suivant que celui qui a reçu aurait su ou non qu'il n'était pas créancier. Mais l'art. 1376 rend cette distinction impossible; en obligeant celui qui reçoit par erreur ou sciemment à restituer, il prouve, en mettant les deux hypothèses sur le même pied, qu'on ne peut pas baser une présomption d'acceptation de donation sur ce seul fait que l'on aurait reçu sciemment l'indu.

Il n'y a donc ici ni présomption de donner ni présomption de recevoir. Et si l'on admet les donations déguisées comme valables, il faudra faire la preuve de cette double intention.

Les partisans du système que nous combattons s'appuient principalement sur ce que celui qui a payé, sachant qu'il ne devait rien, est censé avoir fait une donation; mais comme le fait très bien remarquer M. Colmet de Santerre, on peut parfaitement montrer que celui qui a payé avait une intention autre que celle de donner.

Ce sera, par exemple, une personne qui, quoique sachant qu'elle n'est pas débitrice, paye parce qu'elle a égaré sa quittance et qu'elle veut faire honneur à sa signature; elle retrouve ensuite sa quittance, peut-on raisonnablement lui refuser la répétition? Ou bien celui qui a payé aura pu avoir l'intention de faire comme une sorte de dépôt d'argent chez une personne sûre, qui ne voudrait pas se charger du rôle de dépositaire. Ces hypothèses ne sont pas très pratiques, il est vrai, mais la question que nous examinons ne l'est guère davantage.

Nos adversaires font une dernière objection: lorsque celui qui paie a l'intention de répéter plus tard, on doit lui refuser ce droit de répétition, non pas parce qu'il y a donation, mais à titre de peine, *malitiis non est indulgendum.*

C'est prononcer là une pénalité trop forte, pénalité qui n'est pas écrite dans la loi. Si la personne qui a reçu le paiement éprouve un préjudice, elle ne peut réclamer que des dommages-intérêts basés sur ce préjudice; or le système que nous réfutons accorde toute la somme payée à celui qui l'a reçue; c'est se montrer trop sévère. Il faut accorder la répétition; si celui qui a reçu est lésé, il trouvera une protection suffisante dans l'art. 1382 (1).

En nous occupant du consentement des parties, nous sommes amenés à voir une question

(1) Nous n'avons fait ici que de reproduire la théorie si habilement soutenue par M. Colmet de Santerre dans son t. V, 357 bis, II et suiv.

qui est très discutée. On sait que lorsqu'un propre de la femme a été aliéné, il faut, pour que le remploi fait par le mari soit valable, outre les conditions exigées par l'art. 1434, qu'il soit encore accepté par la femme. C'est alors que s'élève cette question, à propos de l'article 1435, de savoir quelle est, par rapport à la femme, la nature de l'acquisition faite par le mari avec déclaration de remploi au profit de sa femme? Ce qui rend la nature de cet acte douteuse, c'est la faculté laissée à la femme d'accepter, ou de refuser le remploi.

Nous n'avons pas l'intention d'entrer dans une discussion approfondie de cet article 1435, ce serait sortir des limites de notre sujet; mais ce que nous voulons, c'est seulement voir si nous sommes ici en présence d'une dation en paiement ou non.

Pour certains auteurs, l'acte d'achat émané du mari et contenant la proposition de remploi, ne ferait rien acquérir à la femme. L'immeuble acheté commencerait par passer, du chef du mari, dans la communauté, dont il formerait un conquêt. La femme ne pourrait l'acquérir qu'en sous-main, et par l'effet d'un contrat nouveau intervenu entre elle et son mari. Et comme l'offre de remploi qu'a faite le mari, dans l'acte d'acquisition, ne l'oblige pas, tant que la femme n'a pas accepté il peut la retirer. Si le mari persiste dans cette offre de remploi et que la femme accepte, il y aura alors une dation en paiement qui fera passer l'immeuble

acquis, du patrimoine commun, dans le patrimoine propre de la femme.

Nous ne sommes pas partisans de cette doctrine; elle décompose en deux une opération
qui, dans la pensée du mari, avait son unité.
Elle laisse à supposer que le mari a d'abord
acheté pour lui-même, et qu'ensuite il a fait une
offre de dation en paiement à sa femme. Ce
n'est pas exact. Le mari manifeste le désir de
faire un remploi pour sa femme, dans l'acte
même d'acquisition. Il n'est donc pas vrai de
dire qu'il ait d'abord eu l'intention d'acquérir
pour la communauté, pour céder ensuite le bien
à sa femme. Le mari en acquérant n'a en vue
qu'une chose, c'est de faire une acquisition
pour sa femme. Et il ne peut pas révoquer cet
acte, parce qu'il se porte le gérant d'affaires
de sa femme, et qu'un gérant ne peut pas anéantir le droit de celui dont il a pris en main les
intérêts (1). Si la femme donne sa ratification,
le mari sera regardé comme s'il avait eu le
mandat de la représenter, ce sera donc elle
qui, par une fiction de droit, sera censée avoir
parlé au contrat. Elle devient l'ayant cause, non
pas de la communauté, mais du vendeur lui-
même, avec lequel elle est présumée avoir
contracté par l'intermédiaire de son mari. Il
n'y a donc pas là de dation en paiement. Il n'y
aurait dation en paiement que si la femme,
après avoir refusé sa ratification, consentait

(1) M. Colmet de Santerre, t. VI, n° 79.

par un arrangement nouveau à recevoir en paiement de sa créance contre la communauté, le bien antérieurement acquis; mais nous ne serions plus alors dans l'hypothèse prévue par l'art. 1435, nous serions régis par l'art. 1595-2°, il n'y aurait plus remploi proprement dit, il y aurait une dation en paiement ordinaire (1).

En principe, le consentement du créancier est indispensable pour qu'il y ait dation en paiement; nous allons cependant voir que dans certains cas exceptionnels ce consentement fera défaut, le débiteur pourra imposer la dation en paiement à son créancier, qui n'aura pas le droit de la refuser.

Dans un autre cas, au contraire, nous verrons que la dation en paiement est prohibée par la loi.

(1) Voici les principaux intérêts pratiques de la question que nous discutons. Admet-on qu'il y a dation en paiement? Alors 1° il y a lieu au profit du fisc à la perception de deux droits de mutation : un pour l'acquisition faite au profit de la communauté, un autre pour la cession faite par la communauté à la femme; 2° les aliénations ou les constitutions de droits réels que le mari a consenties sur l'immeuble offert en remploi avant que la femme n'ait accepté, ne disparaîtront que par suite de cette acceptation, car la femme, étant en ce cas l'ayant cause du mari, celui-ci n'a pu lui transmettre que le droit qui lui appartenait au moment de la cession.

Admet-on qu'il n'y a là qu'un simple acte de gestion de la part du mari? L'acceptation de la femme ayant un effet rétro-actif au jour de l'acquisition, il en résulte cette double consé-quence : qu'un seul droit de mutation sera dû au fisc, et que l'acceptation de la femme fera disparaître les aliénations et les constitutions de droits réels faites par le mari.

A. — *Cas où le créancier est obligé d'accepter autre chose que ce qui lui est dû.*

1er Cas. — Il y a exception à la règle que le débiteur est tenu de payer la chose même qui fait l'objet de son obligation, dans le cas d'une obligation facultative et lorsque le choix appartient au débiteur. C'est ce qu'admettait Pothier: « Le débiteur peut quelquefois obliger le créancier à recevoir en paiement de ce qui lui est dû, quelque autre chose, savoir, lorsque la faculté lui en a été accordée, soit par le contrat, soit par quelque convention postérieure intervenue depuis avec le créancier » (1).

On a soutenu qu'il n'y avait pas ici, à proprement parler, d'exception; car si le débiteur a un choix, ce choix est si limité que la règle reste la même, car il ne peut pas payer autre chose que l'un des objets désignés.

Nous reconnaissons qu'effectivement le choix du débiteur est très restreint, mais il n'en est pas moins vrai qu'une seule chose est comprise dans l'obligation, et que le débiteur a le droit d'en donner une autre; il y a donc dation en paiement forcée. Ainsi, nous dit Pothier, si j'ai affermé un lieu de vignes pour une somme de 500 livres par an, payable en vins qui s'y recueilleront, la faculté de payer en vins est censée mise en faveur du fermier débiteur, et

(1) Pothier. *Traité des obligations*, nos 532 et 533.

je ne pourrai l'obliger de me donner du vin,
s'il offre de me payer en argent la somme de
500 livres, prix de sa ferme.

La loi nous donne des exemples d'obligations
facultatives; nous allons voir dans les art. 1681
et 891 que le débiteur peut se libérer, par
l'offre d'une somme, de l'action qui est intentée
contre lui pour un autre objet. Ainsi le défendeur à l'action en rescision d'un contrat de
vente d'immeubles, pour lésion de plus des
sept douzièmes dans le prix, peut arrêter l'action et garder l'immeuble, en payant le supplément du juste prix, sous la déduction du
dixième du prix total (art. 1681). Et cependant
l'objet de l'action était ici la rescision du contrat, afin d'obtenir la restitution de l'immeuble
moyennant le remboursement du prix convenu,
s'il avait été payé.

Il en est de même pour le défendeur à l'action
en rescision d'un partage pour cause de lésion
de plus du quart (art. 891); il peut arrêter le
cours de l'action en rescision, en fournissant
au demandeur, soit en numéraire, soit en nature, le supplément de sa part héréditaire.

2e Cas. — Le créancier est contraint indirectement à recevoir autre chose que ce qui lui est
dû, lorsqu'il se trouve dans l'un des cas où on
peut lui opposer la compensation. Ainsi, je suis
débiteur envers Paul de 30 mesures de blé,
fixé par les mercuriales à 5 francs la mesure;
Paul, de son côté, me doit 150 francs; les deux
obligations seront alors éteintes, quoique ni

Paul ni moi, n'obtenions la chose même qui nous est due.

Mais, pour cela il faut que le prix des denrées soit fixé par les mercuriales (art. 1291); alors, les prix ne pouvant être contestés, les denrées représentent en quelque sorte de l'argent. Nous sommes ici en présence d'une exception aux principes généraux du paiement, on peut obliger le créancier à recevoir autre chose que ce qui lui est dû, de l'argent pour du blé, alors même que ce créancier aurait plus d'avantage à recevoir du blé que de l'argent.

3ᵉ CAS. — Nous rangeons dans ce troisième cas deux lois qui ne nous retiendront pas long-temps à cause de leur peu d'importance pratique.

L'article 66 de la loi du 24 août 1793, relative à la liquidation de la dette publique, donnait aux créanciers directs de l'État, pour des sommes au-dessus de 3,000 livres, la faculté de céder leurs inscriptions en paiement à leurs créanciers hypothécaires, au moyen d'un transfert; à cet effet, il leur était permis de diviser leur inscription, pourvu toutefois qu'aucune fraction ne fût inférieure à 50 livres de rente (articles 66 à 68). En conséquence il a été jugé que le créancier personnel, avec hypothèque et privilège sur un office, a pu, malgré la stipulation de remboursement en numéraire et la renonciation à toutes lois contraires, être remboursé, par la voie du transfert, de tout ou partie des inscriptions sur le grand-livre prove-

nant de la liquidation de l'office supprimé
(Cass. 20 floréal an XI).

Une autre exception au même principe résulte d'un règlement du 18 août 1825 particulier
aux îles du banc de Terre-Neuve ; il autorise le
paiement en morue sèche des fournitures de
pêche et des billets ou obligations payables
dans la colonie. Il a cependant été jugé que ce
règlement ne pouvait s'appliquer au paiement
des salaires d'ouvriers, et que ces salaires
devaient être payés en argent, parce que le règlement ne visait pas cette hypothèse (Req.
10 août 1840).

B. — *Cas où la dation en paiement est prohibée par la loi.*

Nous avons vu qu'en droit romain, Constantin
avait défendu la *lex commissoria*, c'est-à-dire
la convention en vertu de laquelle le créancier
deviendrait propriétaire de la chose donnée en
gage, par le seul fait du non-paiement à l'é-
chéance.

Cette prohibition avait été faite à cause des
dangers auxquels une pareille clause expose le
débiteur.

Notre ancien droit avait reproduit cette défense de Constantin. « Elle était nécessaire, dit
Pothier, pour empêcher les fraudes des usuriers, lesquels trouveraient dans le pacte commissoire un moyen ouvert de tirer un profit
excessif des sommes d'argent qu'ils prêteraient.

en prêtant de l'argent sur des gages de valeur du double de la somme prêtée, à des personnes qu'ils prévoyaient ne devoir pas être en état de rendre la somme en temps convenu » (1).

Lors de la rédaction de notre article 2078, M. Bégouen (2) avait demandé qu'on ne reproduisît pas dans le Code la défense du pacte commissoire, parce que, disait-il, on devait respecter la liberté des parties. On ne tint pas compte de cette observation, avec raison, car il ne fallait pas sacrifier les intérêts du débiteur; la loi nouvelle ne pouvait pas être moins protectrice que la loi ancienne.

Nous pensons, avec la plupart des auteurs, que l'article 2078, qui défend le pacte commissoire spécialement lorsqu'il a été convenu entre les parties au moment de la formation du contrat lui-même, s'appliquerait encore dans le cas où le pacte aurait été fait après le contrat. On pourrait objecter qu'une fois le débiteur en possession des fonds qu'il a empruntés, il n'y a plus à craindre cette contrainte morale qui a fait édicter cet article, et que le débiteur n'a plus besoin d'être protégé. Nous répondrions que le débiteur, quoiqu'étant en possession des fonds, n'échappe pas pour cela à l'influence du créancier. Celui-ci, en voyant le terme approcher, ne pourrait-il pas menacer le débiteur d'user de son droit avec toute la rigueur possible? Et puis, en autorisant le créancier à faire le pacte

(1) Pothier. *Du nantissement*, nº 18.
(2) Fenet, t. XV, p. 197.

commissoire, après la formation du contrat, ne serait-ce pas annihiler notre article? Le créancier ferait ce pacte le lendemain du contrat, et imposerait au débiteur un terme très court pour le rembourser, afin de l'empêcher de lui permettre de réunir les ressources suffisantes pour le désintéresser.

Le pacte serait encore nul, s'il autorisait le créancier à prendre le gage en paiement, d'après une estimation faite lors du contrat. On aurait alors à craindre que le débiteur, sous l'influence du créancier, n'osât pas contredire l'estimation que le créancier en a fait faite.

Mais les parties pourraient très bien convenir que le créancier garderait en paiement la chose donnée en gage, suivant l'estimation qui serait fixée par des personnes que désigneraient les parties. Le débiteur n'a en effet aucun danger à redouter. Pothier trouvait qu'une pareille clause ne renfermait aucune injustice et était permise (1). Seulement il est à remarquer, que nous ne serions plus en ce cas en présence d'une dation en paiement pure et simple. Les parties auront alors fait une vente suivie de compensation du prix avec la dette. Nous devions donc appliquer les règles de la vente.

La prohibition du pacte commissoire est commune au gage civil et au gage commercial, puisque le dernier paragraphe de l'article 93 du Code de commerce modifié par la loi du 23 mai

(1) Pothier. *Du nantissement*, n° 19.

1863, dit, comme l'article 2078 du Code civil, que *toute clause qui autoriserait le créancier à s'approprier le gage ou à en disposer sans les formalités ci-dessus prescrites, serait nulle.* Ainsi pour le gage commercial on prohibe le pacte qui permettrait de disposer de la chose engagée sans les formalités apportées par les trois premiers paragraphes du nouvel article 93. Serait donc prohibée la clause qui autoriserait la mise en vente de l'objet donné en gage avant l'expiration des huit jours qui suivent la signification, ou qui confierait la vente à tel officier public plutôt qu'à tel autre. Ces clauses mettent le débiteur à la discrétion du créancier, la prohibition les atteint par cela même, elles doivent donc être considérées comme non écrites.

Souvent les parties ont cherché à dissimuler un gage avec pacte commissoire sous les apparences d'une vente à réméré ; ces deux contrats se ressemblent beaucoup par ce point commun que l'acheteur à réméré fournit une somme d'argent comme le créancier gagiste ; comme lui aussi il peut se voir retirer la chose si l'autre partie le rembourse, sinon il devient propriétaire définitif. Mais il y a une grande différence, c'est que le vendeur à réméré n'emprunte pas, il ne devient pas débiteur de la somme qu'il reçoit, il pourra plus tard, si cela lui convient, la rembourser, mais rien ne l'y forcera. Tandis que l'emprunteur qui a donné un gage, n'en continue pas moins à être débiteur, et ne peut se soustraire à l'obligation de payer, même en abandonnant son gage. Ce qui entraîne une autre différence, au point de vue des risques, le vendeur à réméré, étant libre de ne pas exercer le réméré, n'usera pas de ce droit si la chose vendue périt ou se détériore ; le débiteur gagiste, au contraire, perdra son gage ou une partie de sa valeur, car il sera toujours tenu d'acquitter entièrement la somme qu'il a emprunté. On comprend alors qu'on ait autorisé l'acheteur à réméré à garder la chose, quand le vendeur n'exerce pas le réméré, car il a accepté une position très désavantageuse ; si la chose a augmenté de valeur, on exercera le réméré ; si, au contraire, elle s'est détériorée ou a péri, on ne l'exercera pas. Le créancier gagiste n'encourrait que de bonnes chances ; quand la chose augmenterait de valeur, il la garderait, si on ne le payait pas ; si, au contraire, elle venait à diminuer de valeur, il forcerait le débiteur à s'acquitter et à reprendre son gage. Le contrat serait inégal. C'est précisément ce que la loi a voulu empêcher. Lorsque les juges voudront chercher si une vente à réméré cache une constitution de gage avec pacte commissoire, ils devront se demander si la partie qui a reçu une somme d'argent est tenue ou non à la restituer (1).

---

(1) M. Colmet de Santerre, t. VIII, n° 305 bis, II.

CHAPITRE III

Effets de la dation en paiement

Nous aurons à examiner les effets de la dation en paiement à trois points de vue qui feront autant de paragraphes distincts : 1° à l'égard du débiteur; 2° à l'égard du créancier; 3° à l'égard des tiers.

§ 1. — Effets a l'égard du débiteur

La dation en paiement entraîne libération du débiteur et des cautions, puisqu'elle équivaut au paiement. Les sûretés réelles disparaissent aussi. Mais pour que la dette soit définitivement éteinte, il faut que le créancier soit devenu propriétaire de la chose donnée en paiement (art. 1238), sinon elle revivrait.

Si le créancier est évincé de la chose donnée en paiement, les sûretés accessoires qui garantissaient la dette vont-elles revivre de nouveau? La logique des choses l'exigerait, puisque la dette renaît, elle est censée n'avoir jamais été éteinte, les choses doivent donc se passer

comme s'il n'y avait pas eu de dation en paiement. On s'est cependant écarté ici de la logique,
du moins pour une certaine classe de sûretés
accessoires. La question demande à être étudiée
à deux points de vue, à l'égard des cautions et
à l'égard des sûretés réelles.

A l'égard des cautions, c'était une question
très discutée dans notre ancien droit, que de
savoir si les cautions étaient libérées définitivement par la dation en paiement, alors même
que le créancier serait évincé.

Renusson était d'avis que le créancier évincé
devait rentrer dans ses droits, non seulement
contre le débiteur principal, mais aussi contre
la caution, car le créancier n'a donné quittance
au débiteur principal que sous la condition
tacite qu'il ne soit pas évincé de son acquisition. Son acquisition se trouvant révoquée et
annulée par l'éviction, il est juste que la caution demeure obligée comme elle l'était (1).

Basnage était d'une opinion opposée « parce
que le créancier, en acceptant quelque chose
pour le paiement de sa dette, fait à la caution
un préjudice irréparable, en lui ôtant les actions
qu'il pouvait avoir contre le débiteur pour le
libérer. Car le débiteur étant poursuivi ne man-
querait pas d'objecter que la dette serait acquittée, et que par conséquent son action était inutile, et cependant ses facultés et ses meubles
venant à périr ou diminuer, la caution se trou-

(1) Renusson. *Traité de la subrogation*, chap. v, n°° 40, 41.

verait engagée après avoir espéré que le créancier n'avait plus rien à lui demander » (1).

Pothier, qui rapporte cet avis de Basnage,
s'y range (2).

C'est également celui que le Code civil a
suivi dans l'article 2038 : *L'acceptation volontaire que le créancier a faite d'un immeuble ou
d'un effet quelconque en paiement de la dette principale, décharge la caution encore que le créancier
vienne à en être évincé.*

Il est permis de contester l'utilité de cet article, car il produira cet effet que le créancier se
montrera beaucoup plus difficile, beaucoup
plus exigeant, et souvent, par crainte de cet article, il se refusera à recevoir une dation en paiement, il poursuivra l'exécution stricte de son
droit, résultat qui nous paraît très défavorable
pour la caution et également pour le débiteur
principal.

Mais, dit-on, il y a une raison d'équité pour
libérer la caution, car celle-ci a dû se croire
libérée et n'a pu prendre, après la dation en
paiement, aucune mesure contre le débiteur
pour se garantir des effets de l'insolvabilité de
ce dernier; il serait donc injuste de la rendre
victime de cette inaction forcée, en réservant
contre elle un recours tardif au créancier
évincé. Si l'éviction suffisait pour replacer la
caution dans les liens de ses engagements,

(1) Basnage. *Traité des hypothèques*, 2ᵐᵉ partie, chap. vii.
(2) Pothier. *Traité des obligations*, n° 406, 4°.

son sort n'aurait rien de fixe, et serait subor-
donné à des événements qu'il ne lui serait pas
permis de conjurer.

Ces raisons ont certainement une grande
valeur, mais quand on les met ainsi en avant,
on semble perdre de vue le créancier qui, lui
aussi, est très digne d'intérêt ; on l'expose à
supporter seul le poids de l'insolvabilité du débiteur. Résultat d'autant plus dur que, dans la
plupart des cas, lorsque le créancier a consenti à recevoir une chose autre que celle qui
lui est due, c'est un indice qu'il y a un certain
trouble dans les affaires du débiteur ; c'est donc
au moment où la garantie de la caution est le
plus utile, que l'on en prive le créancier. Et en
plus de cela, on ne tient pas le moindre compte
que ce qui aurait dû rendre la loi plus douce
à l'égard du créancier, c'est que celui-ci aura
généralement fait preuve d'un grand désir de
conciliation envers son débiteur en consentant
à recevoir une dation en paiement.

Ainsi donc, en résumé : nous n'approuvons
pas l'article 2038 pour deux raisons : parce que,
ou le créancier se montrera très sévère et se
refusera à accepter une dation en paiement,
ce qui sera nuisible au débiteur principal et à
la caution ; ou le créancier, voulant faire preuve
de ménagements, acceptera une chose autre
que celle qui lui est due, et alors s'il est évincé
de la chose payée, on ne voit pas pourquoi ce
serait lui qui supporterait les charges de cette
éviction, car il est tout aussi digne d'intérêt que

la caution, étant donné qu'il a consenti à recevoir une dation en paiement par pure bienveillance.

Faudrait-il appliquer l'article 2038 si le créancier n'avait accepté la dation en paiement que
sous la réserve de ses droits contre la caution?

. Bartole conseillait l'usage de pareilles réser-
ves, leur trouvant une grande utilité : « *Nota ut
solet apponi in contractibus dationis in solutum
clausulam, quod si contingeret rem evinci, re-
maneat actio in pristino statu* » (1).

On se demande cependant si une pareille
clause serait valable en l'absence de la caution.
Basnage pensait que quelque stipulation que
le créancier emploie dans son contrat, en l'absence de la caution, il se fait à l'égard de celle-
ci une extinction que n'importe quelle clause
ne saurait empêcher (2).

M. Troplong (3) adopte cette opinion parce
que la réserve que le créancier a faite n'empêche pas que l'action de la caution contre le débiteur n'ait été paralysée par l'effet de la dation
en paiement.

La raison que donne M. Troplong n'est vraie
que si la libération du débiteur a été définitive;
car alors il va de soi que l'engagement de la
caution, accessoire de l'obligation principale,
ne pourrait subsister alors que celle-ci est

(1) Barthole. Sur la loi *Eleganter, Dig. de pign. act.*
(2) Basnage. *Traité des hypothèques,* 2ᵐᵉ partie, chap. vii,
p. 118.
(3) M. Troplong. *Du cautionnement,* n° 583.

éteinte. Mais si le débiteur principal n'a été libéré que sous condition, nous pensons que la caution ne sera aussi libérée que conditionnellement. Toutefois si le terme de l'engagement qu'elle a pris arrivait avant que la condition fût réalisée, elle pourrait agir contre le débiteur, conformément à l'article 2032-5°.

Nous ne pensons pas que l'article 2038 s'applique quand il ne s'agit pas d'une dation en paiement librement acceptée par le créancier ; ceci ressort des termes mêmes de notre article, il nous parle de *l'acceptation volontaire*. La Cour de cassation s'est prononcée en ce sens : elle a décidé que l'adjudication pure et simple au profit d'un créancier de l'immeuble à lui hypothéqué ne constitue pas l'acceptation volontaire dans le sens que lui donne l'article 2038, et n'opère pas la décharge de la caution. Car le créancier qui se rend seulement adjudicataire de l'immeuble à lui hypothéqué ne peut être considéré ni comme ayant éteint sa créance, ni comme ayant accepté cet immeuble en paiement, ni comme ayant déchargé par là la caution, alors surtout que l'immeuble étant grevé de nombreuses inscriptions, le prix n'était payable qu'après la purge des hypothèques et l'accomplissement d'un ordre (Arrêt 19 janvier 1863. Dalloz 63. I. 86).

Quoique l'article 2038 semble poser comme un principe absolu que la caution est libérée alors même qu'il y aurait éviction, nous pensons que si la dation en paiement était vicieuse

11

en elle-même, par exemple, entachée de violence ou de dol et par suite était rescindée, on devrait la regarder comme rétroactivement annulée, de telle sorte que l'ancienne obligation revivrait, et avec elle le cautionnement qui y était accessoirement attaché.

C'est dans une espèce de ce genre qu'a été rendu un jugement du tribunal de Castelsarrasin, le 12 juin 1850 (Sir. 50 II. 417). L'éviction du créancier avait été prononcée sur la demande des héritiers de la caution à qui appartenait l'immeuble donné en paiement par le débiteur. Mais le jugement décide avec raison que la décharge de la caution ne subsistera pas en ce cas, parce que les raisons d'équité qui ont fait admettre l'article 2038 « déterminantes pour la libération de la caution, lorsqu'elle a cru ou pu croire que le paiement avait été ou pouvait être sérieux, sont dénuées de force et se rétorquent au contraire contre la caution elle-même lorsque le débiteur a baillé en paiement une chose de cette dernière, alors surtout qu'après un dépouillement qu'elle n'a pu ignorer, la caution ou ses ayants cause veulent évincer tout à coup le créancier pour reprendre la chose et se soustraire en même temps au lien de leur engagement par une fraude résultant d'un silence calculé. »

Décider le contraire ce serait exposer le créancier, dans bien des circonstances, à être la victime de la collusion frauduleuse du débiteur et de la caution.

— 163 —

Ce jugement est donc très équitable, car de
deux choses l'une : ou la caution a ignoré la dation en paiement faite avec sa chose ou elle en a
eu connaissance. Dans le premier cas, le créancier qui a reçu cette dation en paiement aura
raison de lui reprocher sa négligence, et sera
en droit de lui dire qu'elle a contribué par son
silence, à l'induire en erreur; elle en doit donc
subir les conséquences. Dans le second cas, le
créancier aura encore plus de raison de lui reprocher ce silence et de le lui opposer comme
une preuve de fraude dont elle ne peut pas avoir
la prétention de profiter. Dans les deux cas la
conséquence est donc la même : par suite de
l'éviction du créancier, l'engagement de la caution doit revivre.

Examinons maintenant la seconde partie de
notre question. Si le créancier est évincé de la
chose donnée en paiement, les hypothèques qui
garantissaient l'ancienne dette revivront-elles(1)?
La question est vivement débattue, les auteurs
se séparent en deux camps. Ceux qui voient une
novation par changement d'objet dans la dation
en paiement lui appliquent toutes les règles de
la novation, et par suite affirment que les privi-

(1) Pour l'affirmative: M. Pont. *Des priv. et hypoth.*, n° 1230.
— M. Troplong. *Des priv. et hyp.*, t. IV, n° 847. — M. Marlou.
Com. sur les hypoth., t. IV, p. 12, n° 1336.
Pour la négative: M. Demolombe, t. XXVIII, n° 882. —
MM. Aubry et Rau, § 202, note 4. — M. Baudry Lacantinerie,
t. III, n° 1469. — M. Colmet de Santerre, t. IX, n° 162 bis, II.

lèges et hypothèques ne revivront pas à moins
qu'ils n'aient été expressément réservés.

M. Troplong pense, au contraire, que lorsqu'on veut faire revivre l'ancienne créance et
ses hypothèques contre le débiteur lui-même,
ce dernier ne peut avoir aucun moyen de résis-
ter à cette prétention légitime. L'éviction résol-
vant la dation en paiement, les choses sont
remises au même état que si le contrat de dation
en paiement n'eût jamais existé. C'est là la disposition de l'article 1183. Le créancier n'a consenti à l'extinction de sa créance que sous la
condition qu'il ne serait pas troublé dans la
jouissance de l'immeuble donné en paiement.
L'extinction de la créance n'était que conditionnelle. La condition vient à manquer, la créance
n'a donc jamais été éteinte.

Les partisans de l'idée de novation répondent
que la réserve tacite qui a pu être dans l'intention des parties, ne suffirait pas, car l'article 1278
exige que le créancier se soit expressément réservé les privilèges et hypothèques. Et ceci est
confirmé par l'article 2038 qui dispose que
l'éviction de la chose donnée en paiement, subie
par le créancier, ne fait pas renaître l'obligation
de la caution. Ce que la loi dit du cautionnement
doit être évidemment appliqué aux autres sûretés de la créance, car où serait la raison de la
différence ?

Cette objection n'est pas concluante, elle
n'atteint pas l'argument de M. Troplong. Elle
n'aurait de valeur que s'il était démontré qu'il y a

novation dans la dation en paiement, car alors on appliquerait certainement l'article 1278, il faudrait que le créancier se fût réservé expressément ses hypothèques. Mais nous pensons avoir démontré que la dation en paiement n'emportait pas novation, l'objection tombe donc.

Pour nous qui avons assimilé la dation en paiement au paiement, il ne saurait être douteux que le créancier étant évincé de la chose donnée en paiement, les hypothèques continuent à exister. Notre opinion a pour elle la grande autorité de nos anciens auteurs. Domat (1) disait : « Si le paiement ou ce qui devait en tenir lieu n'avait pas d'effet, l'hypothèque revivrait avec la créance, comme si le créancier avait pris en paiement une dette avec garantie et qu'il ne pût en être payé, ou un fonds avec la même garantie dont il fût évincé ; car ces sortes de paiement renferment la condition qu'ils subsisteront. »

C'était également l'avis de Loyseau (2).

Notre opinion puise aussi une grande force dans ce qui se passe en cas de délaissement : dans notre ancien droit, lorsque le créancier qui avait reçu en paiement la chose sur laquelle il avait hypothèque, en était évincé, il redevenait créancier en vertu de l'obligation primitive, et reprenait son rang d'hypothèque au regard de tous ceux qui avaient hypothèque sur l'im-

(1) Domat. *Lois civiles*, liv. iii, tit. 1er, sect. 7, n° 6.
(2) Loyseau. *Du déguerpissement*, liv. vi, ch. iv, n° 15; ch. vii, n° 7.

meuble avant la dation en paiement. C'est ce
que nous dit Loyseau et c'est ce que le Code
civil a décidé dans l'article 2177, car cet article
peut très bien s'appliquer au cas où le créancier
était devenu propriétaire de la chose par suite
d'une dation en paiement.

La seule différence qu'il y ait dans le cas prévu
par l'article 2177 et le nôtre, c'est que dans
l'article 2177 il n'est question que des droits d'hypothèque que le créancier avait, avant la dation
en paiement, sur l'immeuble même qui lui a été
donné en paiement; au lieu que dans notre
cas, les hypothèques qu'on veut faire revivre,
reposent sur d'autres biens que celui donné en
paiement. Mais dans un cas comme dans l'autre,
il y a les mêmes raisons de décider; elles se
rattachent toujours au principe que la dation
en paiement n'a pas été définitive.

Nous admettons donc que les hypothèques
doivent revivre, mais nous nous empressons de
faire une remarque importante. Il arrivera très
souvent que le débiteur qui se croit libéré par
la dation en paiement qu'il m'a faite, aura fait
radier mon inscription; radiation que j'ai pu
autoriser, me croyant complètement indemnisé.
Dans ce cas, si je suis évincé, la radiation
m'aura fait perdre mon rang, puisque je n'ai
plus d'inscription dont je puisse me prévaloir.
Aussi pour éviter ce danger, le créancier, qui
en recevant une chose en paiement redoute
d'être évincé, sera sage en stipulant qu'il entend
se réserver, en cas d'éviction, son hypothèque

ancienne et son inscription et qu'il n'en accordera. pas radiation. Nous avouons que ceci se présentera bien rarement dans la pratique.

Mais le créancier évincé pourrait, alors même que son hypothèque aurait été radiée, reprendre une nouvelle inscription, qui rendrait alors valable son droit d'hypothèque. Car l'extinction de l'hypothèque et la radiation sont deux choses très différentes. Un créancier, pour ne pas diminuer le crédit de son débiteur, peut consentir à lever pour un certain temps l'inscription qui grève sa propriété. Mais il n'en perdra pas pour cela le droit de prendre une nouvelle inscription. Tant qu'il n'a pas renoncé à son hypothèque, elle subsiste.

Si le créancier prend une nouvelle inscription, pour revivifier son hypothèque, quel sera son rang? La question ne peut pas se résoudre par une réponse unique, il faut faire des distinctions :

I. L'immeuble hypothéqué a été acheté par un acquéreur de bonne foi, qui a eu soin de faire transcrire son titre. Ce tiers acquéreur ne pourra pas se voir opposer la nouvelle inscription, car depuis la loi du 23 mars 1855, la transcription arrête complètement le cours des inscriptions.

II. L'immeuble qui avait été hypothéqué à l'*accipiens* a reçu d'autres hypothèques après la radiation, mais avant que le créancier ait pris une nouvelle inscription. L'inscription ainsi rétablie ne pourra pas être opposée à ces créanciers, elle ne prendra rang qu'à compter de sa date.

La solution que nous venons de donner pour ces deux cas est très juste ; une inscription rayée n'existe plus pour le public; il est impossible qu'on la fasse revivre à l'encontre des tiers qui ont acquis depuis l'époque de sa radiation, des droits sur l'immeuble qu'elle frappait ; çe serait se mettre en opposition flagrante avec le principe de la publicité (1).

III. Mais quel rang accorderions-nous à cette nouvelle inscription de l'*accipiens* à l'égard des créanciers hypothécaires dont le titre avait été inscrit avant la radiation?

Nous pensons que ces créanciers ne peuvent pas invoquer le principe de la publicité, puisque lorsqu'ils ont traité avec le débiteur, l'hypothèque de l'*accipiens* était encore inscrite sur les registres, ils n'ont donc pas été trompés, ils ont bien dû penser qu'ils seraient primés par l'inscription dont il s'agit, et ils ne doivent pas profiter de ce que plus tard elle a été rayée indûment. (Douai, 10 janv. 1812, Sir. 12. II. 370. — Paris, 12 juin 1815, Sir. 1818. II. 119.) (2).

Il va résulter de cette décision une conséquence assez curieuse: c'est que les créanciers inscrits depuis la radiation et avant que l'ins-

---

(1) MM. Aubry et Rau, § 281, p. 396. — M. Troplong, III, n° 746 *bis*. — M. Duranton, t. XX, n° 203. — M. Martou, IV, n° 1336.— Paris, 11 avril 1811, Sir. II, II, 472.— Req. rej., 9 déc. 1846. — Sir. 47, I, 827.

Contre : M. Laurent, XXXI, n° 197. — M. Battur, IV, 690.

(2) Mêmes auteurs que ci-dessus.

cription ait été rétablie, devant primer l'*acci-piens* dont l'inscription a été rétablie, sont à leur tour, primés par les créanciers inscrits anté-rieurement à la radiation, lesquels sont eux-mêmes primés par le créancier qui a subi cette radiation. Devant un pareil résultat comment établir la collocation des divers créanciers? M. Duranton a proposé une solution ingé-nieuse : « On commence par colloquer les créan-ciers antérieurs à ce dernier créancier, s'il y a lieu ; ensuite celui-ci ; après lui, les créanciers postérieurs en date, mais antérieurs à la radia-tion ; enfin ceux qui se sont inscrits depuis la radiation et avant le rétablissement de l'inscrip-tion ; mais ces derniers, et chacun, suivant son rang, prennent, jusqu'à due concurrence, le montant de la collocation du créancier dont l'inscription avait été rayée. — Il est vrai qu'ils sont ainsi payés, par préférence, à des créan-ciers qui leur sont antérieurs en ordre d'hypo-thèque ; mais c'est un résultat de la position des choses ; et ces derniers créanciers ne peuvent d'ailleurs pas s'en plaindre, puisqu'ils étaient primés par celui auquel les autres ont enlevé sa collocation. Il doit peu leur importer, en effet quels sont ceux qui touchent le montant de cette collocation, puisqu'elle était antérieure aux leurs, on le suppose (1). »

Il nous reste à voir quel sera l'effet d'une da-

(1) M. Duranton, XX, n° 203.

tion en paiement faite en vertu d'une cause illicite.

Deux cas peuvent se présenter :

1er Cas. — La cause de la dation en paiement
n'était illicite que de la part de celui qui l'a
reçue, alors tout le monde s'accorde pour dé-
clarer qu'une telle obligation est nulle de plein
droit. Ainsi j'ai fait une dation en paiement
pour qu'une personne s'abstienne d'un délit,
je pourrai répéter ce que j'ai donné. C'est ce
qui ressort de l'article 1235 combiné avec l'article 1108.

2e Cas. — La cause de la dation en paiement
était illicite de la part des deux parties et *dantis
et accipientis.* La question soulève alors des
difficultés, les auteurs ne s'accordent pas
sur le point de savoir si celui qui a fait une
dation en paiement peut exercer une action en
répétition.

La plupart des auteurs et la jurisprudence
lui refusent ce droit, parce que telle était la doctrine suivie en droit romain et par nos anciens
auteurs ; notamment Pothier qui expliquait ce
refus en disant que celui qui a payé « ayant lui-
même péché contre les lois· et les bonnes
mœurs, est indigne du secours des lois pour la
répétition de la somme (1). »

Les auteurs du Code civil n'ont pas voulu innover, parce qu'ils ont suivi les principes de
Pothier dans la matière des obligations ; on ne

_____

(1) Pothier. *Traité des Obligations,* n° 43.

trouve en effet dans le Code aucun texte qui renverse cette ancienne doctrine, qui repose sur les plus puissantes considérations d'ordre public; elle est nécessaire dans l'intérêt de la dignité de la magistrature, il faut que les plaideurs soient maintenus dans le respect qui lui est dû. Et il faut ensuite mettre fin aux pactes honteux, en leur refusant toute espèce de sanction (1).

Nous ne sommes pas partisans de cette doctrine, nous la croyons contraire aux textes du Code.

En effet, en vertu de l'article 1131, l'obligation qui a une cause illicite est nulle, par cela même elle ne peut pas produire d'effet; or elle en produirait un très important si on empêchait d'intenter une action en répétition. Lorsque le législateur a voulu prohiber la répétition il s'est exprimé formellement à cet égard comme dans les articles 1235 et 1967; dès lors est-il admissible que s'il avait voulu défendre la répétition en notre cas, il ne l'ait pas dit ?

De ce que l'article 1131 déclare que l'obligation sur cause illicite ne produit aucun effet, il en ressort deux conséquences :

1° On n'aura aucune action en validité pour en demander l'exécution.

2° On aura une action en nullité pour rentrer

---

(1) *Sic.* M. Duranton, X, n° 374. — M. Toullier, VI, n° 125. — M. Pont. *Des petits contrats*, I, n° 663. — MM. Aubry et Rau, IV, § 442 bis. — Larombière, I, art. 1133, n° 10.

dans ce que l'on a déboursé par suite de cette obligation.

On objecte que la partie à qui on peut imputer aussi la turpitude de la cause ne peut pas demander cette nullité parce que ce serait contraire à l'ordre public. C'est, croyons-nous, une erreur, car les nullités d'ordre public sont absolues, elles peuvent être proposées par toutes personnes, même par celles qui auraient violé la défense qu'elles ont pour but de sanctionner.

Lorsqu'un homme et une femme ont contracté un mariage incestueux la nullité peut en être demandée par les époux eux-mêmes. (Art. 184. 191.)

Ainsi Pierre et Paul se sont associés pour faire la contrebande, Paul est le chef de l'association, Pierre lui a versé 25,000 francs. Il est bien évident que Pierre n'aura aucune action pour réclamer une part des bénéfices, ni pour demander les intérêts de son argent; il n'a en effet aucune action pour exiger l'exécution de cette convention illicite.

Mais pourquoi lui refuserait-on l'action en nullité, en restitution?

Il est inadmissible qu'on laisse la chose donnée en paiement entre les mains de celui qui l'a reçue, ce serait un encouragement pour lui. Il est beaucoup plus moral de tout anéantir de manière à ce qu'il ne subsiste rien de cette obligation illicite; et que celui qui a ainsi reçu, sache qu'il n'est pas à l'abri de toute répétition. Cette possibilité de la répétition sera une me-

nace qui empêchera souvent des conventions
honteuses ou illicites (I).

§ 2. — Effets a l'égard du créancier

Jusqu'ici, dans la partie de notre sujet que
nous traitons en droit français, nous n'avons pas
établi de distinctions entre la dation en paiement
d'une créance et la dation en paiement d'une
chose corporelle, contrairement à ce que nous
avions fait en droit romain. Cette distinction
était nécessaire en droit romain parce que,
comme nous l'avons vu, les modes de transport
des créances différaient beaucoup des modes
de translation des choses corporelles. Il n'en
est plus de même en droit français, ces expé-
dients du droit romain étaient incompatibles
avec la simplicité de notre droit. Les créances
sont aujourd'hui directement aliénables comme
le droit de propriété. Dès que la cession est
parfaite, la créance qu'elle a pour objet passe
immédiatement au cessionnaire, comme si le
droit avait originairement pris naissance en sa
personne.

Mais quand on considère les effets de la dation en paiement, il devient utile de faire une distinction ; à raison de leur nature particulière les
créances données en paiement ne produiront

(I) *Sic.* M. Demolombe, XXXI, nᵒˢ 431 et suiv. — M. Colmet
de Santerre, V, nᵒ 49 *bis*, iv.

pas tout à fait les mêmes effets que les choses corporelles.

A. — *Dation en paiement d'une créance.*

Celui qui reçoit une créance en paiement est l'ayant cause du cédant, il prend sa place quant à la créance cédée, et cette créance lui est transmise avec ses qualités et ses vices. La personne du créancier est changée, mais le droit reste le même. Ainsi le privilège est une qualité de la créance (art. 2095), la créance est donc donnée en paiement avec la qualité que la loi lui confère. L'hypothèque est une garantie que stipule le créancier pour renforcer sa créance, c'est un droit accessoire qui ne pourrait exister sans obligation principale, et l'intention des parties a été de transmettre à l'*accipiens* cette garantie sans laquelle la créance donnée en paiement n'aurait peut-être aucune utilité.

Mais si la dation en paiement transmet au cessionnaire la créance avec ses qualités et ses accessoires, elle la lui transmet aussi avec les vices qui l'affaiblissent; si donc elle est sujette à des exceptions, le débiteur pourra les opposer au cessionnaire comme il eût pu le faire au cédant. La Cour de cassation s'est prononcée en ce sens (Cass. 2 mai 1853. Dal. 1853. 1. 144). Car le débiteur cédé n'est tenu de la dette envers le cessionnaire que dans la mesure de ce qu'il est tenu à l'égard du cédant. On ne comprendrait pas que la situation du débiteur pût être changée par l'effet de la cession, puisqu'il n'y intervient pas. On objecte qu'il y a des causes d'exceptions, qui, comme le dol ou la fraude, sont personnelles au cédant, et auxquelles le cessionnaire est étranger. Mais cela n'empêche pas que l'obligation ne soit viciée, et elle a été transmise avec le vice qui y est attaché. Et, comme le dit la Cour de cassation, admettre le contraire, ce serait fournir au créancier de mauvaise foi, le moyen d'effacer le vice provenant de son dol ou de sa faute, en transférant sa créance à un tiers.

Qu'on n'aille pas dire que le débiteur à qui on signifie la cession aurait dû prévenir qu'il se réservait ses exceptions, et que ne l'ayant pas fait il est censé y avoir renoncé. C'est faire jouer à la signification et à l'acceptation un rôle qu'elles n'ont pas ; ce sont de simples moyens de publicité prescrits par la loi pour porter la cession à la connaissance des tiers intéressés. La signification pas plus que l'acceptation du transport ne novent la créance, qui continue de subsister avec ses qualités et ses vices.

Si ce créancier qui a ainsi reçu une créance en paiement, se voit opposer une exception, la dation en paiement sera nulle, car il n'a entendu accepter une créance à la place de ce qui lui est dû, qu'à la condition qu'il en serait devenu propriétaire ; il rentrera donc dans son action primitive ; et il aurait, pensons-nous, encore droit à l'action en garantie pour se faire indemniser de la perte qu'il a pu éprouver, par exemple, pour se faire payer les frais et loyaux coûts du contrat, ou les frais qu'il a faits en exerçant contre le cédé des poursuites inutiles; dépenses qui ne pourraient pas lui être remboursées par son action d'origine.

La décision serait à plus forte raison la même, si la créance donnée en paiement n'existait pas. Mais que décider, si la créance existait bien, mais que le débiteur cédé fût insolvable? Appliquerions-nous ici les articles 1693 et 1694 qui décident que le cédant ne répond pas même de la solvabilité actuelle du débiteur à moins de stipulation contraire? Ces articles doivent être écartés, nous ne sommes pas ici dans l'hypothèse d'une vente que prévoient ces articles, nous nous trouvons en présence d'une dation en paiement. Lorsqu'il y a vente, on comprend que le cédant ne réponde que de la solvabilité actuelle du cédé, c'est au cessionnaire à prendre ses précautions, à voir si l'opération est sûre, rien ne le force à contracter; s'il contracte, c'est qu'il espère tirer de gros bénéfices en retour des dangers qu'il court. La situation est-elle la même quand il y a dation en paiement? Non. Ici, le créancier cessionnaire n'a nullement l'intention de spéculer, il accepte une créance en paiement, pour aider le débiteur à se libérer, il fait preuve ainsi de grands ménagements; le débiteur doit, par une juste réciprocité, être tenu plus sévèrement envers lui que vis-à-vis d'un simple acheteur. Et nous invoquons à notre appui l'article 1701 qui montre bien que la loi trouve aussi que le créancier qui a reçu une créance en paiement doit être traité plus favorablement qu'un acheteur.

Le premier alinéa de cet article porte, en effet, que le droit de retrait litigieux cesse *lorsque la cession a été faite à un créancier en paiement de ce qui lui est dû.* La cession a alors une cause légitime, il n'y a pas à craindre la spéculation sur les droits litigieux que le Code a voulu défendre. Puisqu'il y a dation en paiement, on ne peut pas prétendre que le créancier achète un procès; il consent à accepter de ce débiteur une créance litigieuse, parce qu'il ne peut vraisemblablement pas se faire payer autrement.

B. — *Dation en paiement d'une chose corporelle.*

Comme nous l'avons déjà dit, le débiteur est libéré lorsque la dation en paiement a été valablement faite. Mais si le créancier est évincé, ou si la chose qu'il a donnée en paiement est imparfaite par suite de vices qui l'affectent, il en est responsable, mais dans quelle mesure? C'est ce que nous allons chercher.

Le débiteur est-il tenu à la garantie des vices de la chose donnée en paiement?

Nous n'hésitons pas à nous prononcer pour l'affirmative, parce que nous faisons intervenir la dation en paiement à la suite d'un contrat à titre onéreux et que la garantie existe dans tous ces contrats.

Supposons que le créancier soit évincé de la chose qu'il a reçue en paiement. Il doit être indemnisé, mais quelle sera la voie de recours qui lui sera ouverte?

Nous avons longuement examiné la question en droit romain et nous espérons avoir suffisamment démontré que le créancier évincé avait le cumul de deux actions : son action d'origine et l'action en garantie *(utilis ex emplo)*; en est-il de même en droit français? La question est vivement débattue, mais elle ne nous retiendra pas longtemps, car elle ne fait que reproduire les discussions que nous avons déjà vues en droit romain.

Les auteurs qui voient une novation dans la dation en paiement n'accordent au créancier évincé que l'action en garantie; car la novation a opéré extinction de l'ancienne dette d'une manière définitive, aucun événement ultérieur ne peut la faire revivre, à moins de stipulation contraire. Par l'effet de la novation, il y a eu substitution d'une obligation à une autre, les deux obligations ne pourraient subsister ensemble (1).

D'autres auteurs (2) admettent que le créancier évincé recouvre son action d'origine parce qu'il n'a accepté une chose autre que celle qui lui est due, qu'à la condition qu'il en serait de-

(1) M. Larombière, t. III, art. 1278, n° 6. — MM. Aubry et Rau, IV, § 324, texte n° 5, note 48. — M. Duranton, XII, n° 82. — Pont, *Petits contrats*, II, n°s 399, 400. — Demolombe, XXVIII, n° 291.

(2) M. Troplong. *Hypoth.*, t. IV, n° 847. — M. Mourlon, III, n° 506.

venu propriétaire définitif; il est évincé; la
dation en paiement tombe et il rentre en possession de son ancienne créance.

Nous pensons que le Code civil n'a rien
changé aux principes du droit romain dans la
question qui nous occupe actuellement; nous
admettons que le créancier a le cumul des deux
actions.

Nos anciens auteurs étaient en ce sens,
notamment Pothier et Renusson.

Le créancier évincé a d'abord son action
d'origine, car étant évincé de la chose donnée
en paiement, il recouvre son ancien droit. Et il
a en plus l'action en garantie, parce qu'il doit
être complètement désintéressé du dommage
que lui cause l'éviction. S'il a fait des dépenses
sur la chose donnée en paiement, il faut qu'on
les lui rembourse ; il doit être entièrement in-
demne. C'est le débiteur qui doit seul supporter les dommages résultant de l'éviction; il est
en faute, s'il avait été plus diligent il n'aurait
pas commis l'erreur de donner une chose qui
ne lui appartenait pas. On pourrait nous objecter, qu'en donnant au créancier évincé l'action en garantie, c'est admettre implicitement
qu'il y a vente. Nous répondrions qu'il n'est
pas nécessaire de recourir à l'idée de vente
pour expliquer l'existence de l'action en garantie en notre cas. La garantie existe dans
tous les contrats à titre onéreux ; mais comme
elle intervient surtout en matière de vente, que
c'est le cas où elle se présente le plus souvent,

nos législateurs en ont traité à cet endroit. Mais nous le répétons, cela n'implique nullement qu'elle n'existe pas dans les autres contrats.

Il nous reste à voir deux articles du Code civil qui traitent de la dation en paiement. L'un de ces articles est placé au chapitre de la communauté légale (art. 1406), l'autre (art. 1553) au chapitre du régime dotal.

Article 1406. — *L'immeuble abandonné ou cédé par père, mère ou autre ascendant à l'un des deux époux, soit pour le remploi de ce qu'il lui doit, soit à la charge de payer les dettes du donateur à des étrangers n'entre pas en communauté, sauf récompense ou indemnité.*

Une pareille cession paraît être à titre onéreux; par suite l'immeuble ainsi acquis par le descendant devrait tomber dans la communauté (art. 1401, al. 3.); cependant l'article 1406 le déclare propre, parce qu'il s'agit ici de ce que Pothier (1) appelait un accommodement de famille; l'immeuble cédé dans de telles conditions reste propre à l'époux, en vertu de cette règle que les propres de succession sont propres de communauté.

Un père, pendant le mariage de son fils, lui donne un immeuble à condition de payer ses dettes. Il semblerait que cet acte est à titre oné-reux, puisque le fils ne reçoit le bien qu'à la charge de payer les dettes, il y a là dation en paiement, c'est-à-dire un contrat à titre oné-

(1) Pothier. *Traité de la Communauté*, nᵒˢ 136 et 139.

reux. Mais en réalité l'acte est un avancement d'hoirie. Le père fait seulement de son vivant ce qui se ferait après sa mort. Si le père n'avait pas cédé ce bien à son fils, celui-ci en le recueillant aurait dû payer les dettes de son père, en sa qualité d'héritier. Ce bien que reçoit le fils est donc un propre de succession, un propre de communauté.

Dans le second cas prévu par notre article, c'est la même chose. Un père cède à son fils un bien pour s'acquitter envers lui, par exemple, de ce qu'il lui doit en vertu d'un compte de tutelle, en apparence il y a là une dation en paiement. En réalité ce n'est qu'un avancement d'hoirie. Si le père n'avait pas cédé le bien à son fils, celui-ci l'aurait recueilli dans sa succession, et sa créance contre son père se serait éteinte par confusion. Ce bien que le fils reçoit est donc encore un propre de succession, un propre de communauté.

La disposition de cet article 1406 s'explique par la tradition historique; notre ancien droit voulait conserver les biens dans les familles, c'est ce qui fait que la donation qui généralement formait des conquêts, faisait, au contraire, un propre lorsque c'était l'ascendant qui était le donateur de l'époux; c'était alors considéré comme un avancement d'hoirie puisque le donataire était appelé à succéder au donateur. L'article 1406 ne s'appliquerait donc pas si la donation était faite par un autre que par un ascendant.

Pour que l'abandon fait par un ascendant à

l'un des époux forme un propre, il faut que l'ascendant abandonne l'immeuble pour remplir l'époux de ce qu'il lui doit, ou à charge de payer les dettes du donateur à des tiers. L'abandon fait dans d'autres conditions que celles prévues par l'article 1406 ferait de ce bien un conquêt, par exemple, la cession qui serait consentie, moyennant un prix que le concessionnaire s'engagerait à payer; il y aurait là une vraie vente.

Dans l'ancien droit, Lebrun était d'avis que la règle que notre article a reproduite ne s'appliquait pas à l'immeuble livré en paiement d'une somme promise au descendant à titre de dot; mais Pothier et la plupart des auteurs, soutenaient avec raison qu'il n'y avait pas lieu de faire de différences entre ce cas et les autres; et le Code en ne faisant pas de distinctions a certainement adopté leur avis.

L'autre article, nous l'avons dit, est placé au chapitre du régime dotal, c'est l'article 1553.

L'immeuble acquis des deniers dotaux n'est pas dotal, si la condition de l'emploi n'a pas été stipulée dans le contrat de mariage. Il en est de même de l'immeuble donné en paiement de la dot constituée en argent.

Ainsi si le mari a reçu 40,000 francs comme dot de sa femme et qu'il n'y ait pas eu de clause d'emploi stipulée au contrat de mariage, il est devenu propriétaire de cette somme; s'il s'en sert pour acheter un immeuble, cet immeuble sera devenu sa propriété et la femme conti-

nuera à n'avoir contre lui qu'une créance de
40,000 francs.

Il en est de même, quand celui qui avait promis une dot de 40,000 francs s'acquitte au moyen
d'un immeuble de pareille valeur qu'il donne
en paiement au mari. Le mari sera propriétaire
de l'immeuble qui ne sera pas frappé de dotalité, puisque c'est la somme de 40,000 francs et
non pas cet immeuble qui a fait l'objet de la
constitution de dot. Mais il en serait autrement
si le constituant, en se réservant le droit de
donner un immeuble en paiement de la somme
d'argent promise en dot, avait stipulé que cet
immeuble serait frappé de dotalité et appartiendrait à la femme.

§ 3. — Effets a l'égard des tiers

A l'égard de certains tiers la dation en paiement n'est valable qu'à la condition qu'il y ait
une formalité d'accomplie.

Ainsi la dation en paiement est régie par
l'article 3 de la loi du 23 mars 1855 qui décide que
« jusqu'à la transcription, les droits résultant
des actes et jugements énoncés aux articles
précédents ne peuvent être opposés aux tiers
qui ont des droits sur l'immeuble et qui les ont
conservés en se conformant aux lois. »

Mais à l'égard des créanciers simplement chi-
rographaires, aussitôt que la dation en paiement
a eu lieu entre les parties, ils sont par cela

même dépouillés de leur droit de gage sur la chose donnée.

Si la dation en paiement avait pour objet une créance, elle ne serait valable à l'égard des tiers que lorsqu'elle aurait été rendue publique par la signification du transport ou par l'acceptation authentique du cédé (art. 1690).

Nous avons à voir deux questions sur l'article 1595, questions que nous n'avons pas examinées lors de la discussion de cet article, et qui trouvent leur place ici.

1ʳᵉ Question. — Lorsqu'une dation en paiement est intervenue, dans le cas où la loi l'autorise, il peut en résulter un avantage indirect pour l'un des époux. Ainsi une femme s'est mariée sous le régime dotal et elle s'est constituée en dot une somme de 60,000 francs. A la place de cette somme elle donne en paiement à son mari un immeuble d'une valeur de 100,000 francs, le mari retire ainsi un avantage indirect de 40,000 francs. La loi réserve en ce cas *les droits des héritiers des parties contractantes.* Mais quels sont ces héritiers et quels sont leurs droits?

Pour M. Colmet de Santerre (1), la loi réserve en notre cas le droit des héritiers, mais sans parler des héritiers auxquels elle s'applique; par la généralité de ses termes, elle fait une sorte de renvoi aux principes sur les donations déguisées entre époux. Or, d'après l'article 1099

(1) M. Colmet de Santerre, t. VII, p. 42, nᵒˢ 22 *bis*, II et III.

ces donations sont nulles, par conséquent tout
l'avantage qui résulte de la vente mélangée de
donation pourra être répété par l'époux donateur ou par les héritiers réservataires ou non
réservataires. Ainsi, dans l'espèce que nous
avons choisie, le mari retire un avantage indirect de 40,000 francs, il devra rendre ces
40,000 francs alors même que la femme aurait
eu une certaine quotité disponible, montant par
exemple à 20,000 francs.

M. Colmet de Santerre applique la partie de
l'article 1099 qui règle le sort des donations déguisées et non celle qui concerne les donations
indirectes, quoique l'article 1595 parle d'avantage indirect. Car l'article 1595 appelle avantage
indirect ce que l'article 1099 qualifiait de donation déguisée. Il n'y a pas ici libéralité indirecte;
la propriété passe immédiatement du donateur
au donataire, elle se cache sous l'apparence
d'une vente, elle est déguisée.

Quoique cette opinion soit très habilement
soutenue, nous ne croyons pas devoir nous y
ranger. Le texte paraît bien donner à tout héritier le droit d'attaquer la vente à raison de
l'avantage qu'elle renferme; la loi ne dit pas
que ce droit soit spécialement restreint aux
héritiers à réserve. Mais il ressort bien de l'esprit de la loi qu'elle n'a eu en vue ici que les
héritiers réservataires; on attaque la vente
parce qu'elle renferme une libéralité; or la loi
n'a restreint les libéralités que dans l'unique
intérêt des héritiers à réserve; à l'égard des

autres tout est disponible, leur auteur peut donner tout ce qu'il possède, aussi bien sous forme de vente que sous forme de donation. L'article 1595 prévoit donc implicitement qu'on se trouve en présence d'héritiers réservataires, qui auront alors le droit d'attaquer la vente entre époux si elle renferme des libéralités. Mais quelle action auront-ils, est-ce une action en nullité ou une action en réduction? Nous pensons que c'est une action en réduction seulement, car l'article 1595 nous dit : « sauf le droit des héritiers des parties contractantes, *s'il y a avantage indirect* » ; la loi est formelle, or l'article 1099 range les avantages *indirects* et les donations déguisées sous l'apparence d'un contrat à titre onéreux ou faites par personnes interposées, en deux classes distinctes ; les secondes sont frappées de nullité ; mais les premières, dans lesquelles rentrent les avantages indirects prévus par l'article 1595, sont seulement réductibles à la quotité disponible. Ainsi dans notre espèce, la femme avait une quotité disponible de 20,000 francs, elle a fait un avantage indirect de 40,000 francs à son mari, ses héritiers réservataires ne pourront faire rescinder cet avantage que jusqu'à concurrence de 20,000 francs.

Il est bien évident que si l'époux avait faussement déclaré que son conjoint avait contre lui des créances, afin de rentrer dans les cas prévus par l'article 1595, et avait dit qu'il donnait un bien en paiement, alors qu'il lui faisait une donation, l'acte serait nul, comme nous allons le voir bientôt; la seule différence qu'il y aurait entre cette hypothèse et celle où la dation en paiement a été faite en dehors des cas prévus par l'article 1595, c'est que les époux étant ici censés être dans un des cas exceptionnels de l'article 1595, ce serait aux héritiers qui attaquent l'acte frauduleux à faire la preuve que l'acte n'est qu'une donation déguisée. Mais quand on se trouve en prés'nce d'une dation en paiement sincère, comme nous le supposons ici, qui rentre dans les exceptions de l'article 1595, et à qui on ne peut reprocher que de contenir un avantage indirect, à cause de son prix minime, il n'y a plus de donation faite sous la forme d'une dation en paiement, il n'y a qu'un avantage indirect donnant ouverture à l'action en réduction.

2° *Question.* — Quel sera le sort des dations en paiement entre époux faites en dehors des cas exceptionnellement admis par l'article 1595?

Trois systèmes sont ici en présence:

1er *Système.* — Une pareille vente serait réputée donation déguisée sous la forme d'un contrat de vente. Ainsi au lieu d'avoir la force d'une vente faite entre étrangers, elle serait soumise à la révocabilité prononcé par l'article 1096 contre les dons entre vifs entre époux; et cette vente serait valable, si le mari ne la révoquait pas avant de mourir, parce que la jurisprudence a consacré la validité des donations déguisées sous la forme d'un autre contrat (1).

(1) M. Toullier, t. XII, p. 64.

2° Système. — La question ne peut pas être résolue d'une manière absolue, par une règle invariable posée *a priori*, il faut faire une distinction :

Si les époux ont voulu dissimuler, sous l'apparence d'un contrat à titre onéreux, une véritable donation, il n'est pas douteux qu'un tel acte ne soit valable dans les limites et avec les conditions exigées par l'article 1096.

Mais si les époux ont entendu faire une vente dégagée de tout esprit de donation, soit pour terminer des arrangements de famille, soit pour essayer de soustraire aux recherches des créanciers du vendeur des biens dont la saisie était imminente; dans ce cas, qui est d'ailleurs le plus fréquent, on ne peut pas maintenir comme donation, un acte où la volonté de donner n'est pas intervenue. Ce sera au juge à consulter l'intention et la bonne foi des parties afin de peser les circonstances dans lesquelles la vente a été faite (1).

3° Système. — La dation en paiement entre époux faite en dehors des hypothèses exceptionnelles prévues par l'article 1595 est nulle dans tous les cas. Car, ou les époux ont voulu faire une véritable dation en paiement, ou ils ont voulu faire une donation déguisée. Ont-ils voulu faire une dation en paiement? L'opération est nulle comme étant intervenue en dehors d'une des trois classes d'exception admises par l'ar-

(1) M. Troplong, t. I, *Com. de la vente*, n° 185.

ticle 1595. L'article 1595 ne prononce pas formellement cette nullité ; mais les termes qu'il emploie montrent bien qu'il y a là une nullité virtuelle. Ont-ils voulu faire une donation ? L'opération est nulle deux fois pour une. En effet d'un côté, l'article 1099 distingue les donations déguisées sous l'apparence d'un contrat à titre onéreux, d'avec les avantages indirects, frappant les premières de nullité. D'autre part, l'acte serait encore nul par application de l'article 1595, car, même en admettant que les époux puissent valablement se faire des donations déguisées sous l'apparence d'un contrat à titre onéreux, encore ne pourraient-ils user de ce droit qu'à la condition de déguiser la donation sous la forme d'un contrat à titre onéreux *permis entre époux ;* or, nous avons vu que la dation en paiement est prohibée, en principe. Ainsi l'acte ne vaut ni comme donation, puisqu'il n'en a pas la forme ; ni comme dation en paiement, puisqu'elle est interdite entre époux. Cette doctrine est très rationnelle, elle coupe court à tous les procès qui se seraient élevés sur le point de savoir si les époux s'étaient fait ou non une dation en paiement sincère. C'est précisément le but que s'était proposé le législateur, et ce serait aller contre son intention que de ne pas reconnaître la nullité d'une pareille dation en paiement (1).

(1) La plupart des auteurs et la jurisprudence sont fixés en ce sens. — Grenoble, 24 janv. 1826. Dal. 1826, 2, 135. — Bordeaux, 1er déc. 1849.

Les ventes faites entre époux en dehors des hypothèses prévues par l'article 1595 sont donc frappées de nullité; et la nullité pourrait en être proposée aussi bien par les époux que par leurs héritiers et leurs créanciers. Car la prohibition édictée par l'article 1595 a été établie dans l'intérêt des époux et dans celui de leurs héritiers ou créanciers. La loi a voulu retirer aux époux le moyen de se faire des libéralités excédant la quotité disponible, à l'aide de ventes simulées, ou d'imprimer à ces libéralités un caractère d'irrévocabilité; elle a voulu aussi empêcher les époux de soustraire leurs biens à l'action de leurs créanciers respectifs. Et les créanciers, pour faire tomber cette vente faite en dehors des hypothèses prévues, n'auraient pas besoin de prouver qu'elle est entachée de fraude.

Il peut arriver que la dation en paiement faite par le débiteur à l'un de ses créanciers, cause un préjudice aux autres créanciers, c'est ce qui se présente quand ce débiteur est insolvable. Son actif étant insuffisant pour désintéresser tous ses créanciers, au jour de la déconfiture, chacun d'eux subira une perte proportionnelle dans la distribution par contribution. Il y aura alors lieu de se demander si cette dation en paiement tombe sous le coup de l'action Paulienne (art. 1167)?

Nous avons vu qu'en droit romain le paiement n'est pas soumis à l'action Paulienne; et on décide qu'il en est de même en droit français, car cette action ne doit pas être admise contre celui qui ne fait qu'exercer un droit légitime. Or, il est bien certain que nul droit n'est plus légitime que celui du créancier de recevoir ce qui lui est dû « *nihil dolo facit creditor qui suum recepit.* » (L. 129, *de Reg. juris.*)

Devons-nous étendre la même disposition à la dation en paiement? Pour soutenir l'affirmative, on pourrait dire que le créancier n'a fait qu'user de son droit en pourvoyant à la garantie de sa créance, et tant qu'il se borne à exercer ce droit régulièrement, il ne commet aucun dol.

Malgré ces raisons nous sommes partisans d'appliquer ici l'action Paulienne, comme nous l'avons fait en droit romain. Le principe est que l'action Paulienne s'applique « *à tous les actes faits en fraude des droits des créanciers* »; les contrats qui ne tombent pas sous le coup de cette action sont l'exception; nous ne devons pas étendre cette disposition à la dation en paiement. D'autant plus qu'ici, on doit se méfier, car la fraude serait facile à dissimuler; rien n'indiquerait que la chose donnée en paiement ne fût pas d'une valeur supérieure à la dette, il y aurait là un moyen très commode pour le débiteur de faire une libéralité indirecte au créancier, de lui donner plus qu'il ne lui est dû, sous prétexte de se libérer envers lui.

Toujours dans cet ordre d'idées, nous allons examiner les effets d'une dation en paiement faite par un débiteur failli à l'égard de la masse des créanciers. Cette hypothèse est prévue par l'article 446 du Code de commerce.

Le principe de toute bonne législation doit être de maintenir l'égalité des créanciers, à partir de l'époque où il est évident que tous ne seront pas payés intégralement.

De cette idée découlent les deux conséquences suivantes :

1° Les actes que fait le failli à compter du moment où il entrevoit la nécessité de sa faillite, peuvent être présumés frauduleux.

2° Quand il devient certain que tous les créanciers d'un commerçant ne seront pas intégralement payés, on doit annuler toute disposition de ses biens qui porte un préjudice à la masse de ses créanciers, soit qu'elle nuise à tous les créanciers, soit qu'elle profite à une partie d'entre eux au préjudice des autres.

Nous allons voir que la nullité est ici édictée *en faveur de la masse;* un créancier isolé n'aurait donc pas le droit d'invoquer cette nullité dans son intérêt exclusif, surtout si cet intérêt était en contradiction avec celui de la masse; c'est là une différence avec l'article 1167 du Code civil qui donne l'action Paulienne à tous et à chacun des créanciers.

L'article 446, Code de commerce, est ainsi conçu : « *Sont nuls et sans effet, relativement à la masse, lorsqu'ils auront été faits par le débiteur depuis l'époque déterminée par le Tribunal comme étant celle de la cessation de ses paiements, ou dans les dix jours qui auront précédé celte époque:*

1° . . . . . .

2° *Tous paiements, soit en espèces, soit par transport, vente, compensation ou autrement, pour dettes non échues, et pour dettes échues, tous paiements faits autrement qu'en espèces ou effets de commerce.*

La loi ne vise que certains paiements qui sont faits en dehors des conditions où on avait le droit de les exiger. Si, au contraire, la dette était échue et que le paiement eût été fait en espèces, il ne serait pas nul de droit, on pourrait seulement le faire annuler en vertu de l'article 447 du Code de commerce.

Les paiements faits depuis la cessation ou dans les dix jours qui précèdent se rapportent à des dettes échues ou qui ne l'étaient pas.

Paiements de dettes non échues. — Le paiement est alors considéré comme nul, il doit être rapporté à la masse, peu importe le mode au moyen duquel il a été fait. Cette renonciation au bénéfice du terme constitue un avantage fait au créancier, et de plus le failli se rend coupable de fraude. Car étant donné l'état de gêne dans lequel il se trouve, l'abandon du terme qu'il a fait ne peut s'expliquer que par le désir qu'il avait à avantager le créancier payé.

Paiements de dettes échues autrement qu'en espèces ou effets de commerce. — Si la dette était échue, le paiement exécuté d'après les usages commerciaux serait valable. Il n'y a là rien que

de très naturel; prononcer la nullité d'un pareil
paiement, c'eût été consacrer souvent des injus-
tices.

Mais si ce paiement, au lieu d'avoir été fait
en espèces ou effets de commerce, se faisait à
l'aide d'une dation en paiement, il en serait
autrement, la présomption de fraude naîtrait
aussitôt. Car ce que la loi prohibe ici, c'est la
dation en paiement sous quelque forme qu'elle
soit faite.

Pour quels motifs se montre-t-on ainsi plus
sévère pour les dations en paiement de dettes
échues que pour les paiements?

Il y en a plusieurs.

1° Le paiement est d'abord un acte forcé, en
ce sens que le créancier est tenu de le recevoir
et le débiteur ne peut se refuser à le faire;
tandis que la dation en paiement n'intervient
qu'à la suite d'un accord entre le débiteur et le
créancier; et c'est cet accord qui devient suspect quand le débiteur est sur le point de cesser
ses paiements.

2° Le paiement étant la prestation de la chose
due, ne donne au créancier que ce qui lui est
dû; tandis qu'il peut être assez facile de dissimuler une fraude, à l'aide d'une dation en
paiement, le débiteur peut donner une chose
bien supérieure.

3° Le créancier qui reçoit ce qui lui est dû,
n'est pas pour cela au courant des mauvaises
affaires du débiteur. Mais quand au lieu d'argent, ou d'effets de commerce, le débiteur lui

fait une dation en paiement, il est alors averti
du mauvais état des affaires de son débiteur,
car les commerçants n'ont pas pour habitude
de solder leurs dettes à l'aide de dations en
paiement.

La dation en paiement que défend la loi peut
revêtir trois formes principales : paiement en
marchandises, paiement par transport de
créances, paiement par compensation.

I. *Paiement en marchandises.* — C'est ce que
notre article qualifie de paiement par vente. La
loi défend ici les dations en paiement consistant
dans la transmission de la propriété d'un
meuble ou d'un immeuble, faites au profit d'un
créancier. Il est bien certain qu'en principe, la
nullité atteint ces dations en paiement. Il n'y a
pas lieu de distinguer si les objets ont été trans-
mis au créancier purement et simplement, ou
s'ils lui ont été remis avec mandat de les vendre
et de se payer sur le prix : dans les deux cas,
il est impossible de dire que le débiteur fait un
paiement en espèces.

Mais ne devrait-on pas apporter un certain
tempérament à la règle en matière de compte
courant? On l'admet généralement. En effet,
ce qui rend le paiement en marchandises d'une
dette échue suspect, c'est qu'en payant en marchandises cette dette qui devait être payée en
argent, on fait preuve d'un état de gêne très
manifeste. Mais il n'en est plus de même entre
négociants qui sont en compte courant; ce
compte se compose de marchandises envoyées

et reçues, un dernier envoi ne doit pas être
plus suspect que les autres (1).

M. Tripier formulait la même opinion en
termes très énergiques, au nom de la dernière
commission de la Chambre des pairs, lors de
la rédaction de la loi du 28 mai 1838 sur la faillite. « Le créancier qui accepte une dation en
paiement de marchandises au lieu d'espèces
est présumé avoir connu l'embarras de son
débiteur. Mais pour cela il faut que l'opération
ait pour objet d'éteindre une dette qui avait été
créée en espèces et qui devait être acquittée
en cette valeur. Des envois respectifs de marchandises, destinés à se balancer réciproquement, n'auraient pas le caractère de paiement
prohibé, surtout s'ils avaient été précédés d'une
série d'opérations de même nature, qui cons-
tateraient de la part des négociants un usage
antérieur auquel ils se seraient conformés sans
fraude. »

Cette doctrine nous paraît très équitable; si
on ne l'admettait pas, ce serait abolir l'usage
des comptes courants qui se soldent au moyen
d'envois réciproques de marchandises.

La conséquence de la nullité prononcée de
la dation en paiement de marchandises, sera
de forcer le créancier payé à rendre à la masse
les marchandises qu'il a reçues, et s'il ne les
avait plus, il en devrait la valeur.

II. *Paiement par transport de créances.* —

(1) M. Duvergier, t. XXXVIII, *Collection des lois*, p. 374.

Ceci désigne une espèce de dation en paiement consistant dans le transport au créancier d'une créance que le débiteur avait sur un tiers. Ainsi je suis à la veille de cesser mes paiements, entre autres dettes je dois 5,000 francs à Primus, je n'ai pas d'argent, mais j'ai une créance de 5,000 francs contre Secundus ; je délègue alors Secundus à Primus, mon créancier, qui le libère, Primus touchera ainsi un paiement intégral au préjudice des autres créanciers.

Il faut remarquer que tous les transports de créances ne sont pas défendus, car l'article 446 permet le paiement en effets de commerce, ce qui est en fait un véritable transport de créances.

Lorsque c'est une délégation qui a été faite par le débiteur à l'un de ses créanciers, il convient de rechercher si elle a été faite par lui depuis la cessation de ses paiements ou dans les dix jours précédents. A-t-elle été faite avant ces dix jours, elle ne tombe pas sous l'application de l'article 446.

Mais quand il s'agit d'une cession, pour qu'elle échappe à l'application de notre article, est-il suffisant qu'elle ait été consentie avant les dix jours ? ou faut-il de plus qu'avant ces dix jours, le créancier cessionnaire ait été saisi par l'un des deux modes prescrits par l'article 1690 du Code civil ? La Cour de cassation pense que oui, parce que, d'après l'article 1690, le cessionnaire n'est saisi à l'égard des tiers que par la notification du transport faite au débiteur ou par son acceptation authentique. Jusque-là la

cession est incomplète. Et comme ce sont surtout les intérêts des créanciers du cédant que
les transports lèsent généralement, il est donc
tout naturel de penser que ce sont eux que la
loi a eus principalement en vue lorsqu'elle a
prescrit en faveur des tiers la disposition de
l'article 1690. Il est admis, ajoute-t-on, qu'une
saisie-arrêt entre les mains du débiteur, faite
après la cession, mais avant sa notification, est
un obstacle insurmontable à ce que cette cession puisse produire ses effets en faveur du
cessionnaire. Peut-on admettre qu'il en soit autrement de la faillite du cédant, survenue dans
les mêmes circonstances? L'effet de cette faillite
est encore beaucoup plus énergique que celui
de la saisie-arrêt; le failli est absolument des-
saisi de tous ses droits et actions. Nul créancier ne peut désormais acquérir ni privilège,
ni préférence (1).

Ces raisons sont très fortes, elles ne suffisent
pas cependant pour nous convaincre; nous
pensons avec M. Demangeat (2) que le créancier
cessionnaire pourrait se conformer à l'article
1690 jusqu'au jugement déclaratif de la faillite.
Car, s'il est bien évident que l'article 1690 a
été écrit dans l'intérêt des créanciers du cédant, il ne l'est pas moins que l'hypothèse qui
nous occupe n'était pas dans la pensée du législateur en faisant cet article. En outre, l'article 446 du Code de commerce prononce la

(1) M. Bédarride, t. I, n° 112.
(2) M. Demangeat. *Traité du Droit commercial*, t. V, p. 228.

nullité de certains actes *faits par le débiteur;*
or ici, le débiteur n'a fait qu'un seul acte, c'est
la cession de sa créance en paiement, cession
qui est antérieure aux dix jours.

On s'est demandé si, dans l'espèce suivante,
il n'y avait pas l'équivalent d'un *paiement par
transport,* donc s'il n'y avait pas nullité de droit
à l'égard de la masse. On avait saisi l'immeuble
d'un négociant, les créanciers hypothécaires
avaient été payés et il restait une partie du prix
d'adjudication; certains créanciers chirogra-
phaires s'étaient alors fait donner des bordereaux de collocation. A cette même époque, le
négociant saisi est déclaré en faillite, et on fait
remonter l'époque de la cessation des paiements
à une date antérieure à la délivrance de ces
bordereaux.

Ces bordereaux devraient-ils être nuls de
plein droit comme constituant un *paiement par
transport?* M. Bédaride (1) soutient l'affirmative
parce que la délivrance de ces bordereaux
rentre dans les prohibitions de dations en paiement faites par l'article 446, et que le failli qui ne
pourrait pas expressément disposer de son
actif, n'a pas davantage capacité d'en disposer
tacitement par un consentement donné et obtenu
en justice. Les tribunaux ne peuvent suppléer
à la partie elle-même que lorsque l'acte qu'il
s'agit d'accomplir n'est pas formellement prohibé par la loi.

(1) Bédarride, t. I, nos 114, 115, 116.

La Cour de Bordeaux a rendu, avec raison, un jugement en sens contraire, le 16 vovembre 1841. En effet, il n'y a pas ici une cession ou une délégation ordinaire : il y a là une consé-quence naturelle de la saisie, il y a là l'équiva-lent *d'un paiement en espèces*, qui rentre dans l'exception admise par l'article 446 du Code de commerce. Cette doctrine est conforme à l'esprit de la loi qui maintient les paiements faits de bonne foi. Or ici, rien ne fait présumer la fraude, la distribution par contribution ayant été pour-suivie judiciairement et contre le gré du débiteur.

III. *Paiement par compensation.* — En quoi ce paiement va-t-il différer du paiement par transport? En ce que dans le paiement par *compensation*, le débiteur se libère en faisant l'abandon à son créancier d'une créance qu'il a contre lui, créancier, tandis que dans le paie-ment *par transport* le débiteur se libère en trans-portant à son créancier une créance qu'il a contre un tiers.

Ce que la loi prohibe ici, c'est la compensa-tion *conventionnelle* entre deux dettes qui ne seraient pas liquides et exigibles. Si elles ne sont pas exigibles, il y a une renonciation au bénéfice du terme; si elles ne sont pas liquides, on redoute une fraude dans leur appréciation.

La compensation légale est en dehors de la disposition de l'article 446. Aussi lorsque deux individus sont placés dans les conditions vou-lues par l'article 1291 du Code civil, le fait que l'un d'eux est en état de cessation de paiements n'empêchera pas la compensation légale de se produire.

Paiements de dettes échues en espèces ou effets de commerce. — Lorsque je vous dois une somme d'argent et que je vous paie en effets de commerce, en réalité, je vous fais une dation en paiement, je vous paie une chose autre que celle que je vous devais. La loi admet cependant la validité de cette dation en paiement parce que dans les usages du commerce on reçoit les effets de commerce comme de l'argent, le paiement fait de la sorte est toujours regardé comme très normal, si normal même, qu'un créancier ne saurait se refuser à accepter un effet régulièrement établi et muni de bonnes signatures. La fraude est donc peu à craindre dans ce cas.

Expliquons maintenant ce que la loi entend par *effets de commerce*. Il est bien évident que ces mots comprennent la lettre de change et les billets à ordre, ce sont là des effets de commerce par excellence; ainsi le failli pourrait prendre une lettre de change ou un billet à ordre qu'il a reçu en paiement et acquitter ses dettes au moyen d'un endossement.

Ce failli ferait encore un paiement valable d'après l'article 446 en passant à l'ordre de l'un de ses créanciers une lettre de change tirée par lui-même sur son propre débiteur et acceptée d'avance par celui-ci. Ce cas est en effet analogue à celui où le commerçant endosse au profit de son créancier, une lettre de change dont il était porteur : dans les deux cas il prend dans son portefeuille, pour payer sa dette, comme le font généralement les commerçants.

Mais la question ne serait plus la même si le débiteur avait simplement tiré une lettre de change ou souscrit un billet à l'ordre de son créancier; la dette subsisterait, il n'y aurait pas paiement. Car lorsque la loi parle d'effets de commerce, elle a en vue ceux qui sont déjà créés et qui existent dans le portefeuille du failli, et non pas des valeurs que le failli pourrait créer à volonté et émettre pour éteindre le paiement qui est réclamé.

Les lettres de change et les billets à ordre sont-ils les seuls effets de commerce que la loi ait en vue dans l'article 446?

Pourrait-on payer avec un *chèque?* Un commerçant a un compte chez un banquier et a l'habitude de payer ses créanciers à l'aide de chèques; si depuis la cessation de ses paiements ou dans les dix jours précédents, il a remis à un de ses créanciers un chèque, ce paiement sera-t-il valable? Oui, le chèque encore plus que la lettre de change et le billet à ordre, est un titre de circulation, un instrument de paiement; dans les usages du commerce on le regarde comme l'équivalent de l'argent.

En est-il de même des *virements de banque?* Ainsi, j'ai des fonds chez un banquier; je dois une somme de 1,000 francs à Primus, je donne ordre à mon banquier de passer la même somme au compte de Primus, est-ce valable? Nous le pensons, parce que le virement se fait sur les

fonds actuellement disponibles, et il équivaut
à un mouvement de numéraire; il y a là un
paiement en argent comme avec un chèque.

La remise de *factures acquittées* constitue-
t-elle une dation en paiement? Doit-on prohiber
cette remise à un créancier pendant la période
suspecte? Nous le croyons, car il n'y a pas là
de paiement en espèces ou effets de commerce;
il n'est pas dans l'usage du commerce de recevoir de pareilles dations en paiement, et ici la
pratique joue un grand rôle.

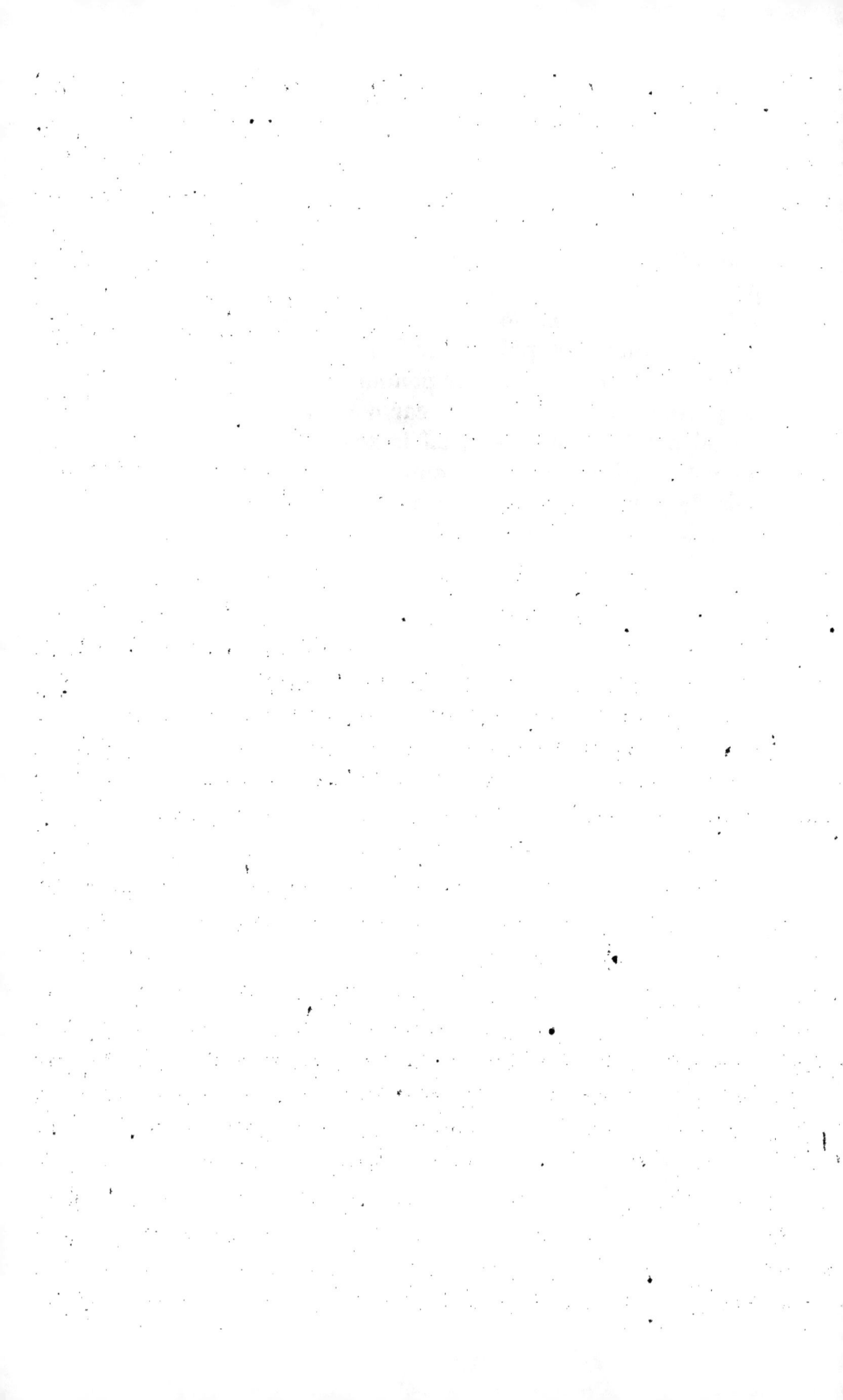

POSITIONS

DROIT ROMAIN

I. — Le créancier évincé de la chose donnée en paiement a le cumul de deux actions : l'action originaire et l'action en garantie (*utilis ex empto*).

II. — La dation en paiement tombe sous le coup de l'action Paulienne.

III. — Lorsque le mandataire offre de prendre à sa charge personnelle le préjudice résultant de ce qu'il a dépassé ses pouvoirs, le mandant est obligé d'accepter l'opération faite par le mandataire.

IV. — Pour pouvoir exercer l'action Publicienne, on devait avoir eu la possession.

V. — Le fidéjusseur qui s'est engagé *in duriorem causam* n'est pas obligé.

VI. — La cession d'actions ne s'opère pas *ipso jure;* elle doit être expressément requise.

DROIT CIVIL FRANÇAIS

I. — Celui qui a fait une dation en paiement de l'indu peut répéter ce qu'il a donné en paiement, alors même qu'il n'aurait pas payé par erreur.

II. — Si le créancier n'a pas été rendu propriétaire de la chose qui lui a été donnée à la place de ce qui lui était dû, les hypothèques qui garantissaient l'obligation subsistent, malgré la dation en paiement de cette obligation.

III. — Le contrat de mariage fait par un mineur ayant atteint l'âge requis pour se marier, mais sans l'assistance des personnes dont le consentement est exigé pour la validité du mariage, est frappé d'une nullité radicale qui peut être invoquée par toute personne intéressée.

IV. — Lorsque le contrat de mariage des époux est annulé, ils sont regardés comme s'étant mariés sous le régime de la communauté légale.

V. — Le privilège du bailleur existe pour les avances qui ont été faites au fermier dans le cours du bail et en exécution de ce bail, comme pour celles qui ont été stipulées dans le contrat de louage.

VI. — La connaissance acquise d'une façon quelconque du droit d'un tiers sur les objets introduits dans les lieux loués, rend le bailleur

non recevable à opposer son privilège à ce
tiers.

VII. — Au cas de bail sans date certaine, le
privilège peut être exercé : 1° pour l'année qui
suit l'année courante; 2° pour l'année courante;
3° pour toutes les années échues.

VIII. — Le bailleur ne pourrait pas s'opposer
à l'enlèvement de certains meubles, lorsque
ceux qui garnissent les lieux loués sont d'une
valeur suffisante pour garantir l'entière exécution du bail.

DROIT DES GENS

I. — L'annexion ne produit un changement
de nationalité qu'à l'égard des sujets de l'État
démembré qui ont leur domicile sur le territoire annexé et qui l'y conservent.

II. — Tant que dure la faculté d'option, les
habitants du territoire annexé sont citoyens de
l'État annexant sous condition résolutoire et
citoyens de l'État démembré sous condition suspensive.

DROIT COMMERCIAL ET INDUSTRIEL

I. — Sous l'empire de la loi du 21 avril 1810,

— 208 —

les substances minérales extraites avant leur concession appartiennent au propriétaire de la surface.

II. — En matière de chemins de fer, la méthode qui convient le mieux à la France est celle de la construction et de l'exploitation au moyen de concessions faites à de grandes Compagnies.

Vu par le Président :
GÉRARDIN.

Vu par le Doyen :
CH. BEUDANT.

VU ET PERMIS D'IMPRIMER :

Le Vice-Recteur de l'Académie de Paris,
GRÉARD.

www.ingramcontent.com/pod-product-compliance
Lightning Source LLC
Chambersburg PA
CBHW070530200326
41519CB00013B/3008